Mar

Hosanna Básico

Cancionero Religioso para el nuevo milenio

EDITORIAL CCS

Equipo colaborador:

- — Antonio Alcalde Fernández.
- — Domingo Pérez Villar.
- — José Luis Aguilera Pallarés.
- — Pedro Arroyo Revilla.
- — Isauro García Ramos.
- — Evangelina Falagán Villazala.
- — M.ª Teresa Espinosa Antón.

Cuarta edición: febrero 2008.

Página Web de EDITORIAL CCS: www.editorialccs.com

Portada: Concepción Hernanz
ISBN: 978-84-8316-290-3
Depósito legal: M-4696-2008
Fotocomposición: M&A, Becerril de la Sierra (Madrid)
Imprime: Estilo Estugraf Impresores S.L. (Madrid)

Presentación

Los cancioneros HOSANNA son unas recopilaciones de cantos religiosos, **litúrgicos y no litúrgicos**.

La colección la componen los siguientes libros:

1. **HOSANNA BÁSICO**: Es un cancionero manejable. Contiene los textos de una selección de las canciones religiosas más utilizadas enriquecidas con una serie de canciones nuevas.

2. HOSANNA JUVENIL (con amplia sección infantil): Añade a los textos los acordes para acompañar con guitarra y algunas normas para la utilización correcta de los cantos litúrgicos. Contiene todos los cantos del Hosanna Básico e Infantil y amplía considerablemente el número de canciones nuevas.

3. HOSANNA INFANTIL: Es un cancionero para los niños. Contiene los textos de las canciones de la sección infantil y una selección de cantos para distintas celebraciones y catequesis.

Las canciones están ordenadas alfabéticamente.

Seguro que faltan canciones; contamos con sus sugerencias para futuras ediciones.

Deseamos que nuestro trabajo les ayude a cantar mejor las alabanzas del Señor.

«Cantad al Señor un cántico nuevo, cantad al Señor toda la tierra» (Salmo 96,1-2).

A

1. A DIOS DEN GRACIAS LOS PUEBLOS

J. A. Espinosa

A Dios den gracias los pueblos,
alaben los pueblos a Dios. (Bis)

1. Que Dios tenga piedad y nos bendiga,
ilumine su rostro entre nosotros;
conozca la tierra sus caminos,
las naciones su salvación.

2. Que canten de alegría las naciones,
porque riges el mundo con justicia,
con rectitud riges los pueblos,
y gobiernas las naciones de la tierra.

3. La tierra ha dado su fruto,
nos bendice el Señor nuestro Dios.
Que Dios nos bendiga y que le teman
los confines todos de la tierra.

2. A JESÚS QUE VA A NACER
(CAMINANDO UN BORRIQUITO)

C. Gabaráin

1. Caminando un borriquito,
caminando va a Belén,
—y María lleva dentro
a Jesús que va a nacer. (Bis)

Muy cansada va María,
muy cansado va José
—¿quién le presta un rinconcito
a Jesús que va a nacer? (Bis)
A Jesús que va a nacer. Ah...

2. Va llamando por las puertas,
en las casas de Belén,
—pero nadie quiere abrirle
a Jesús que va a nacer. (Bis)
Los profetas anunciaron
al Mesías de Israel,
—pero nadie espera al Niño,
a Jesús que va a nacer. (Bis)
A Jesús que va a nacer. Ah...

3. El pesebre de un establo
con la mula y con el buey.
—¡Ay! qué poco le ofrecemos
a Jesús que va a nacer. (Bis)
Tú le ofreces una cuna,
la mejor que puede haber:
—son tus brazos esperando
a Jesús que va a nacer. (Bis)
A Jesús que va a nacer. Ah...

4. Hoy, María, yo quisiera
a tu lado y con José
—ofrecer mi amor al Niño,
a Jesús que va a nacer. (Bis)
Quiera Dios que en nuestra casa
haya paz, amor y bien,
—y un rincón que está aguardando
a Jesús que va a nacer. (Bis)
A Jesús que va a nacer. Ah...

3. A LA FIESTA DEL SEÑOR

J. Elezcano

A la fiesta del Señor,
a la fiesta del Señor,
a la fiesta del Señor,
hoy venimos a escuchar,
a cantar y a perdonar,
a la fiesta del Señor. (Bis)

1. Y antes de entrar en esta fiesta
hay que dejar ante la puerta nuestro mal,
que si el Señor hoy te perdona
no es por cumplir ni por querer disimular,
es porque Dios nos ama a todos de verdad
y es porque tú y yo debemos perdonar.

2. Dile al Señor lo que te pasa
lo que te hace hoy sufrir y hasta llorar,
dile también que tienes días
en que parece que todo es felicidad,
dale las gracias porque te ama de verdad,
pídele ánimo y ganas de avanzar.

4. A QUIÉN ENVIARÉ

J. Antonio Díaz

¿A quién enviaré?, ¿a quién enviaré?,
¿a quién enviaré?, ¿quién se pone en pie?,
¿a quién enviaré?, ¿a quién enviaré?,
¿a quién enviaré?, ¿a quién?

1. ¿Hasta cuándo seguiréis
quebrando y desgarrando a mi pueblo?
¿Hasta cuándo reinará
el orgullo y el dolor?

¿Hasta cuándo las tinieblas
cubrirán los cielos?
¿Hasta cuándo seguiréis
apagando mi voz?
¿Hasta cuándo seguiréis
dejando sin ver al ciego?
¿Hasta cuándo privaréis
a los pobres de mi pan?
¿Hasta cuándo dejaréis
morir impasibles a un niño?
¿Hasta cuándo seguiréis
apagando mi voz?

2. ¿Hasta cuándo hablaréis
de paz en mil discursos,
y en secreto preparáis
la munición?
¿Hasta cuándo compraréis
con un cheque el futuro?
¿Hasta cuándo aspiraréis
a tener más y más?
¿Hasta cuándo el maldito dinero
os comprará el alma,
y las modas moldearán el corazón?
¿Hasta cuándo, hasta cuándo
rendiréis culto al odio?
¿Hasta cuándo seguiréis
apagando mi voz?

5. A TI LEVANTO MIS OJOS

M. Manzano

A ti levanto mis ojos;
a ti, que habitas en el cielo.

**A ti levanto mis ojos,
porque espero tu misericordia.**

1. Como están los ojos de los esclavos
fijos en las manos de sus señores,
así están nuestros ojos en el Señor,
esperando su misericordia.

2. Como están los ojos de la esclava
fijos en las manos de su señora,
así están nuestros ojos en el Señor,
esperando su misericordia.

3. Misericordia, Señor, misericordia,
que estamos saciados de burlas;
misericordia, Señor, misericordia,
que estamos saciados de desprecios.

6. ACLAMA AL SEÑOR, TIERRA ENTERA

M. Manzano

1. Aclama al Señor, tierra entera, aleluya.
Servid al Señor con alegría, aleluya.
Entrad en su presencia con vítores, aleluya.

2. Sabed que el Señor es Dios, aleluya.
Que Él nos hizo y somos suyos, aleluya.
Su pueblo y ovejas de su rebaño, aleluya.

3. Entrad por sus puertas con acción de gracias, aleluya.
Por sus atrios con himnos, aleluya.
Dándole gracias y bendiciendo su nombre, aleluya.

4. El Señor es bueno, aleluya.
Su misericordia es eterna, aleluya.
Su fidelidad por todas las edades, aleluya.

7. ACUÉRDATE DE JESUCRISTO

L. Deiss

Acuérdate de Jesucristo,
resucitado de entre los muertos,
Él es nuestra salvación,
nuestra gloria para siempre.

1. Si con Él morimos,
viviremos con Él.
Si con Él sufrimos,
reinaremos con Él.

2. En Él nuestras penas,
en Él nuestro gozo.
En Él la esperanza,
en Él nuestro amor.

3. En Él toda gracia,
en Él nuestra paz.
En Él nuestra gloria,
en Él la salvación.

8. ADESTE FIDELES

Tradicional - s. XVII

Venid almas fieles,
alegres, gozosas,
corred presurosas
al santo portal.
Loor al nacido
infante hoy demos.
Venid y adoremos,
venid y adoremos,
venid y adoremos
al Dios inmortal.

Adeste fideles,
laeti triumphantes,
venite, venite
in Bethelehem.
Natum Videte,
regem angelorum.
Venite adoremus.
Venite adoremus.
Venite adoramus
Dominum.

9. ADIÓS, HERMANO

Odilo - Isauro

**Adiós, hermano,
que se abran los cielos;
adiós, hermano,
que seas feliz.
Al despedirte
queremos cantarte:
¡qué grande es Cristo
que ha muerto por ti!**

1. Que Dios te acoja
en su reino glorioso
donde esperamos
por siempre reinar;
que un día llegue,
juntos en el cielo,
resucitados
con Cristo gozar.

2. Desde esta tierra
que tú ya dejaste
nuestra plegaria
se eleva al Señor;
mas la esperanza
de vernos un día
enjuga el llanto
de nuestro dolor.

10. AL ATARDECER DE LA VIDA

C. Gabaráin

**Al atardecer de la vida
me examinarán del amor.** (Bis)

1. Si ofrecí mi pan al hambriento,
si al sediento di de beber,
si mis manos fueron sus manos,
si en mi hogar le quise acoger.

2. Si ayudé a los necesitados,
si en el pobre he visto al Señor,
si los tristes y los enfermos
me encontraron en su dolor.

3. Aunque hablara miles de lenguas,
si no tengo amor nada soy.
Aunque realizara milagros,
si no tengo amor nada soy.

11. ALABADO SEAS MI SEÑOR

C. Gabaráin

1. Alabado seas, mi Señor.
Alabado seas, mi Señor:
el sol y las estrellas
proclaman tu grandeza,
— las flores y la luna
nos cantan tu poder. (Bis)

Alabado seas, mi Señor,
alabado seas, mi Señor,
cantando el universo
te ofrece su hermosura
pues toda criatura
es cántico de amor. (Bis)

2. Alabado seas, mi Señor. (Bis)
Los pájaros y el bosque,
los árboles y el viento,
— los ríos y los mares
nos cantan tu poder. (Bis)

3. Alabado seas, mi Señor. (Bis)
Por todos los hermanos
que acogen y perdonan,
— por todos los que rezan
en su tribulación. (Bis)

12. ALABARÉ, ALABARÉ

José Pagán

Alabaré, alabaré,
alabaré, alabaré.
Alabaré a mi Señor. (Bis)

1. Todos unidos, alegres cantamos
   gloria y alabanzas al Señor.
   Gloria al Padre, gloria al Hijo,
   y gloria al Espíritu de Amor.

2. Somos tus hijos, Dios Padre Eterno.
   Tú nos has creado por amor.
   Te damos gracias, te bendecimos,
   y todos cantamos en tu honor.

13. ALABO TU BONDAD

Kairoi (Miguel Cubeles)

1. Todo mi ser canta hoy,
   por las cosas que hay en mí.
   Gracias te doy mi Señor,
   Tú me haces tan feliz.
   Tú me has regalado tu amistad,
   confío en ti,
   me llenas de tu paz.
   Tú me haces sentir
   tu gran bondad, yo cantaré,
   por siempre, tu fidelidad.

Gloria a ti, Señor, por tu bondad.
Gloria, gloria,
siempre cantaré tu fidelidad.
Gloria a ti, Señor, por tu bondad.

Tú me haces sentir tu gran bondad,
yo cantaré, por siempre,
tu fidelidad.

2. Siempre a tu lado estaré
alabando tu bondad.
A mis hermanos diré
el gran gozo que hallo en ti.
En ti podrán siempre encontrar
fidelidad, confianza y amistad.
Nunca fallará tu gran amor, ni tu perdón.
Me quieres tal como soy.

14. ALÉGRATE

Mariano Fuertes

Alégrate, Virgen María.
Alégrate, reina del cielo.
—El Señor resucitó, (3 veces)
Aleluya.
—Alelu-aleluya, (Bis)
el Señor resucitó.
Aleluya.

1. El primer día
de la semana,
Cristo glorioso,
resucitado,
deja el sepulcro,
vence a la muerte,
vuelve a la vida,
Santa María.

2. Es la esperanza,
es la alegría,
nuestra victoria,
Santa María.
Vuelto a la vida,
glorificado,
viene a salvarnos,
Santa María.

3. Nos dio a su madre
que nos protege,
que nos acoge,
Santa María.
Goza, María,
Puerta del cielo,
Fuente de Gracia,
Santa María.

15. ALEGRE LA MAÑANA

J. A. Espinosa

Alegre la mañana
que nos habla de ti,
alegre la mañana.

1. En nombre de Dios Padre,
del Hijo y del Espíritu,
salimos de la noche
y estrenamos la aurora.
Saludamos el gozo
de la luz que nos llega,
resucitada y resucitadora.

2. Tu mano acerca el fuego
a la sombría tierra
y el rostro de las cosas
se alegra en tu presencia.
Silabeas el alba
igual que una palabra.
Tú pronuncias el mar
como sentencia.

16. ALEGRÍA, ALEGRÍA

Villancico - Galicia

1. Esta noche nace el Niño,
   yo no tengo que llevarle:
   le llevo mi corazón
   que le sirva de pañales.

¡Alegría, alegría, alegría!
¡Alegría, alegría y placer!
Esta noche nace el Niño
en el portal de Belén.

2. La Virgen está lavando
   con un trozo de jabón:
   se le han picado las manos,
   manos de mi corazón.

3. En el portal de Belén
   el invierno es primavera:
   el Mesías esperado
   ha venido ya a la tierra.

17. ALELUYA, ALELU-ALELUYA

Popular

Aleluya, alelu-aleluya.
Aleluya, aleluya.
Aleluya, alelu-aleluya.
Aleluya, aleluya.

18. ALELUYA, ALELUYA
(PIEDRAS VIVAS)

A. Alcalde

Aleluya, aleluya
aleluya, aleluya. (Bis)

19. ALELUYA, EL SEÑOR ES NUESTRO REY

M. Manzano

¡Aleluya, aleluya!
El Señor es nuestro rey. (Bis)

1. Cantad al Señor un cántico nuevo,
porque ha hecho maravillas:
su diestra le ha dado la victoria,
su santo brazo.

2. El Señor da a conocer su victoria,
revela a las naciones su justicia:
se acordó de su misericordia y su fidelidad
en favor de la casa de Israel.

3. Los confines de la tierra han contemplado
la victoria de nuestro Dios.
Aclamad al Señor, tierra entera;
gritad, vitoread, tocad.

4. Tocad la cítara para el Señor,
suenen los instrumentos:
con clarines y al son de trompetas,
aclamad al Rey y Señor.

5. Retumbe el mar y cuanto contiene,
la tierra y cuantos la habitan;
aplaudan los ríos, aclamen los montes,
al Señor que llega para regir la tierra.

20. ALELUYA, EL SEÑOR RESUCITÓ

Vicente Morales - «Brotes de Olivo»

Aleluya, aleluya, aleluya,
aleluya, aleluya, aleluya.
El Señor resucitó. (Bis)

1. El Señor resucitó;
cantad con alegría;
demos gracias al Señor, aleluya. (Bis)

2. Mi pecado redimió
Cristo Dios subiendo al cielo;
nueva vida ahora tengo, aleluya. (Bis)

3. Ahora tengo la esperanza
de que Dios siempre perdona;
que Cristo no me abandona, aleluya. (Bis)

4. Jesucristo que sube al cielo
nos manda que le queramos
en todos nuestros hermanos, aleluya. (Bis)

21. ALMA MÍA, RECOBRA TU CALMA

M. Manzano

Alma mía, recobra tu calma
que el Señor fue bueno contigo;
alma mía, recobra tu calma,
que el Señor escucha tu voz.

1. Amo al Señor porque escucha
mi voz suplicante,
porque inclina su oído hacia mí,
el día que lo invoco.

2. Me envolvían redes de muerte,
me alcanzaron los lazos del abismo,
caí en tristeza y angustia,
invoqué el nombre del Señor:
«Señor, salva mi vida».

3. El Señor es benigno y justo,
nuestro Dios es compasivo;
el Señor guarda a los sencillos,
estando yo sin fuerzas me salvó.

4. Arrancó mi alma de la muerte,
mis ojos de las lágrimas,
mis pies de la caída.
Caminaré en presencia del Señor,
en el país de la vida.

22. ALREDEDOR DE TU MESA

F. Palazón

**Alrededor de tu mesa,
venimos a recordar** (Bis)
— **que tu palabra es camino,
tu cuerpo fraternidad**. (Bis).

1. Hemos venido a tu mesa
a renovar el misterio de tu amor
con nuestras manos manchadas,
arrepentidos buscamos tu perdón.

2. Juntos y a veces sin vernos,
celebramos tu presencia sin sentir
que se interrumpe el camino
si no vamos como hermanos hacia Ti.

23. ALTÍSIMO SEÑOR

Popular

1. Altísimo Señor
que supiste juntar
a un tiempo en el altar
ser Cordero y Pastor;

confieso con dolor
que mal hice en huir
de quien por mí quiso morir.

2. Cordero Celestial;
Pan nacido en Belén,
si no te como bien
me sucederá mal.
Sois todo piedra imán
que atrae el corazón
de quien os rinde adoración.

3. Los ángeles al ver
tal gloria y majestad,
con profunda humildad
adoran su poder,
sin ellos merecer
la dicha de gozar
de tan sacro y dulce manjar.

24. AMÉN
(PADRENUESTRO)

M. Fuertes - B. Velado

**Amén, amén, amén, amén,
amén, amén, amén, amén.**

1. Cristo es el Amén del Padre,
es el cumplimiento fiel
de las divinas promesas
que se realizan en Él.
El amén nos une a Cristo,
porque es Cristo nuestro Amén,
el «Sí, Padre» que rezamos
por Él, con Él y en Él.

2. Dijo «Sí, Padre» al venir
por nuestro amor al nacer.
«Sí, Padre» la vida entera
y en la Pascua al padecer.
«Sí, Padre» lo que Tú quieres
siempre es para nuestro bien.
Tú quieres que el hombre viva,
por Él, con Él y en Él.

3. Un sí como el de María,
la Virgen de Nazaret,
siempre abierta al futuro
de lo «habido y por haber».
Sí, Padre, toda la vida
te presenta nuestro amén.
Unidos a Jesucristo,
por Él, con Él y en Él.

4. Es amar decir Amén,
es creer decir Amén,
es rubricar compromisos
y al Sí de Dios responder.
Padre nuestro que nos amas
y en Cristo nos das tu Amén:
recibe nuestras ofrendas
por Él, con Él y en Él.

25. ANTE TI, SEÑOR

Carismático - M. Verde B.

1. Ante ti, Señor, (Bis)
mi alma levantaré. (Bis)
Oh mi Dios, (Bis)
confío en ti. (Bis)

Yo te alabo, Señor,
yo te adoro, Señor,
oh, mi Dios. (Bis)

2. Guíame, Señor, (Bis)
   y guarda mi alma. (Bis)
   Oh, mi Dios...

3. Líbrame, Señor, (Bis)
   de todo peligro. (Bis)
   Oh, mi Dios...

4. Dame un corazón, (Bis)
   que pueda adorarte. (Bis).
   Oh, mi Dios...

26. ANUNCIAREMOS TU REINO

C. Halffter

Anunciaremos tu reino, Señor,
tu reino, Señor, tu reino.

1. Reino de paz y justicia,
   reino de vida y verdad.
   Tu reino...

2. Reino de amor y de gracia,
   reino que habita en nosotros.
   Tu reino...

3. Reino que sufre violencia,
   reino que no es de este mundo.
   Tu reino...

4. Reino que ya ha comenzado,
   reino que no tendrá fin.
   Tu reino...

27. AVE DE FÁTIMA

Popular

El 13 de mayo
la Virgen María
bajó de los cielos
a Cova de Iría.

Ave, Ave, Ave, María;
Ave, Ave, Ave, María.

A tres partorcitos
la Madre de Dios
revela el misterio
de su corazón.
Haced penitencia,
haced oración
por los pecadores
pidiendo perdón.
El Santo Rosario
constantes rezad
y la paz del mundo
el Señor nos dará.

28. AVE DE LOURDES

Popular

Ave, Ave, Ave, María;
Ave, Ave, Ave, María.

1. El Ángel que envía
   el Dios eternal
   saluda a María
   con voz celestial.

2. Del cielo ha bajado
   la Madre de Dios;
   cantemos el Ave
   a su Concepción.

3. De gracia eres llena,
Virgen sin igual;
alivia la pena
del pobre mortal.

29. AVE MARÍA

Mariano Fuertes

Ave, María,
llena de gracia,
te saluda el ángel,
el ángel del Señor.

1. El ángel del Señor
anuncia a María:
serás Madre de Dios,
serás Madre de Dios.

2. Y ella concibió
al Hijo del Altísimo,
la Sierva del Señor,
a Cristo concibió.

3. La esclava soy de Dios
y llena de su gracia estoy;
que se haga siempre en mí, Señor,
según tu voluntad.

30. BENDIGAMOS AL SEÑOR

Pelayo Sánchez

1. Bendigamos al Señor,
Dios de toda la creación
por habernos regalado su amor.
Su bondad y su perdón
y su gran fidelidad
por los siglos de los siglos durarán.

El Espíritu de Dios hoy está sobre mí
y es quien me ha ungido para proclamar
la buena nueva a los más pobres,
la gracia de su salvación. (Bis)

2. Enviados con poder
y en el nombre de Jesús
a sanar a los enfermos del dolor.
A los ciegos dar visión,
a los pobres la verdad
y a los presos y oprimidos libertad.

3. Con la fuerza de su amor
y de la resurrección
anunciamos «llega ya la salvación».
Que ni el miedo ni el temor,
ni la duda o la opresión
borrarán la paz de nuestro corazón.

31. BIENAVENTURADOS

E. Vicente Mateu

Bienaventurados seremos, Señor.
Seremos, Señor.

1. Seréis bienaventurados
los desprendidos
de la tierra.
Seréis bienaventurados
porque tendréis el cielo.
Seréis bienaventurados
los que tenéis alma
sencilla.
Seréis bienaventurados,
vuestra será la tierra.

2. Seréis bienaventurados
los que lloráis, los que sufrís.
Seréis bienaventurados
porque seréis consolados.
Seréis bienaventurados
los que tenéis hambre de mí.
Seréis bienaventurados
porque seréis saciados.

3. Seréis bienaventurados
los que tenéis misericordia.
Seréis bienaventurados
porque seréis perdonados.
Seréis bienaventurados
los que tenéis el alma limpia.
Seréis bienaventurados
porque veréis a Dios.

4. Seréis bienaventurados
los que buscáis siempre
la paz.
Seréis bienaventurados,
hijos seréis de Dios.
Seréis bienaventurados
los perseguidos por
mi causa.
Seréis bienaventurados
porque tendréis mi Reino.

32. CAMINARÉ EN PRESENCIA DEL SEÑOR

J. A. Espinosa

Caminaré en presencia del Señor. (Bis)

1. Amo al Señor porque escucha
   mi voz suplicante,
   porque inclina su oído hacia mí,
   el día que lo invoco.

2. Me envolvían redes de muerte,
   caí en tristeza y en angustia.
   Invoqué el nombre del Señor:
   «Señor, salva mi vida».

3. EL Señor es benigno y justo;
   nuestro Dios es compasivo.
   El Señor guarda a los sencillos,
   estando yo sin fuerzas me salvó.

33. CAMPANA SOBRE CAMPANA

Tradicional de Andalucía

1. Campana sobre campana
   y sobre campana una,
   asómate a la ventana
   verás al Niño en la cuna.

¡Belén, campanas de Belén!
que los ángeles tocan.
¿Qué nuevas nos traéis?

Recogido tu rebaño
¿a dónde vas pastorcillo?
Voy a llevar al portal
requesón, manteca y vino.
¡Belén...

2. Campana sobre campana
y sobre campana dos
asómate a la ventana
verás al Niño de Dios.
¡Belén...

Caminando a media noche,
¿dónde caminas, pastor?
Le llevo al Niño que nace
como a Dios mi corazón.
¡Belén...

3. Campana sobre campana
y sobre campana tres
asómate a la ventana
porque está naciendo Dios.
¡Belén...

Si aún las estrellas alumbran
pastor, ¿dónde quieres ir?
Voy al portal por si el Niño
con Él me deja dormir.
¡Belén...

34. CANTA ALELUYA

Josico

Canta aleluya, canta aleluya,
canta aleluya y alaba al Señor. (Bis)

1. Por el sol de la mañana,
   por la luna que da claridad;
   por el agua y la nieve,
   por los peces que hay en el mar.
   —Por el Dios creador del mundo,
   por su amor y su bondad. (Bis)

2. Por los pájaros y flores,
   por el aire que nadie vició;
   por los valles y montañas,
   por el árbol que sombra nos dio;
   —por el Dios creador del mundo
   porque siempre en mí pensó. (Bis)

3. Por la risa de los niños,
   por el padre trabajador;
   por el beso de la madre
   y el anciano que ama a Dios;
   —por el Dios que hace posible
   tanto gozo y tanto amor. (Bis)

35. CANTA ALELUYA AL SEÑOR

Popular - Linda Stassen

Canta aleluya al Señor.
Canta aleluya al Señor.
Canta aleluya, canta aleluya,
canta aleluya al Señor.

36. CANTA, JERUSALÉN

Kairoi (E. Gallego)

Canta, Jerusalén.
Canta, Jerusalén.
Canta, Jerusalén.

1. Eres pueblo santo, escogido
por la gracia del Señor.
Juntos caminamos en la fe
que nos conduce a nuestro Dios.

2. Eres tú la tierra que promete
a los hombres el Señor.
Eres la promesa de los siglos
donde nace el Salvador.

3. Vives en confianza esperando
que algún día sea mejor.
Pero tu esperanza se sostiene
en el Cristo Redentor.

4. Vives la alegría de la vida
si contigo va el Señor.
Sufres en tu cuerpo,
y en tu alma está escrito el amor.

5. Canta tu alabanza con el canto
que te ofrezca el corazón.
Oh Jerusalén, Él es tu fuerza,
tu verdad y tu perdón.

37. CANTARES DE RESURRECCIÓN

Odilo - Isauro

No importa, Señor, que la muerte
nos sacuda con fuerza y tesón.

Lo que importa, Señor es la vida
con cantares de resurección. (Bis)

No importan, Señor, las angustias,
no importa, Señor, el dolor.

Porque Cristo es Verdad y Camino,
porque Cristo es la Luz y el Amor.

El que vive con fe y esperanza
el abrazo prepara de Dios.

38. CANTEMOS AL AMOR DE LOS AMORES

I. Busca de Sagastizábal
P. Restituto del Valle

Cantemos al amor de los amores,
cantemos al Señor;
Dios está aquí,
venid adoradores, adoremos
a Cristo Redentor.
Gloria a Cristo Jesús;
cielos y tierra
bendecid al Señor.
Honor y gloria a Ti,
rey de la gloria.
Amor por siempre a Ti,
Dios del amor.

39. CÁNTICO DE DANIEL

F. Palazón

1. Criaturas del Señor, bendecid al Señor,
ensalzadle con himnos por los siglos.

Ángeles de Dios, bendecid al Señor,
cielos, bendecid al Señor.
Aguas del espacio, bendecid al Señor,
ejércitos del cielo, bendecid al Señor.
Sol y luna, bendecid al Señor,
astros del cielo, bendecid al Señor.

Bendiga la tierra a su Señor
y lo ensalce por todos los siglos.

2. Lluvia y rocío, bendecid al Señor,
vientos, bendecid al Señor.
Fuego y calor, bendecid al Señor,
fríos y heladas, bendecid al Señor.
Rocíos y nevadas, bendecid al Señor,
témpanos y hielos, bendecid al Señor.
Nieves y escarchas, bendecid al Señor,
noches y días, bendecid al Señor.

3. Luz y tinieblas, bendecid al Señor,
rayos y nubes, bendecid al Señor.
Montes y cumbres, bendecid al Señor,
frutos de la tierra, bendecid al Señor.
Hijos de los hombres, bendecid al Señor,
bendiga Israel a su Señor.
Sacerdotes del Señor, bendecid al Señor,
siervos del Señor, bendecid al Señor.

40. CASCABEL

Tradicional - Texto: M. Fuertes

Cascabel, cascabel
suene tu canción;
el Mesías esperado
ya nació en Belén.

Navidad, Navidad
canta Navidad,
entre pajas recostado
yace el Rey de paz.

Alegres entonad
mil himnos al Señor,
que baja entre nosotros
en cada Navidad.
Alegres hoy danzad
honrando al Señor
que nace entre nosotros
en cada Navidad.
Cascabel...

41. CERCA DE TI, SEÑOR

Popular - Lowel Masson

1. Cerca de Ti Señor, quiero morar,
   tu grande y tierno amor, quiero gozar.
   —Llena mi pobre ser, limpia mi corazón;
   hazme tu rostro ver en la aflicción. (Bis)

2. Pasos inciertos doy, el sol se va;
   mas, si contigo estoy, no temo ya.
   —Himnos de gratitud ferviente cantaré
   y fiel a Ti, Jesús, siempre seré. (Bis)

3. Día feliz veré creyendo en Ti,
   en que yo habitaré cerca de Ti.
   —Mi voz alabará tu santo nombre allí
   y mi alma gozará cerca de Ti. (Bis)

42. CERCA ESTÁ EL SEÑOR

C. Erdozáin

Cerca está el Señor, cerca está el Señor,
cerca de mi pueblo,
cerca del que lucha con amor.
Cerca está el Señor, cerca está el Señor,
es el peregrino que comparte mi dolor.

1. También está el Señor, le conoceréis,
   en el que lucha por la igualdad.
   También está el Señor, le conoceréis,
   en el que canta la libertad.
   También está el Señor, no olvidéis su voz,
   sufre el gran dolor del oprimido.

2. También está el Señor, le conoceréis,
   en el obrero en su taller.
   También está el Señor, le conoceréis,
   en el anciano en su vejez.
   También está el Señor, no olvidéis su voz,
   en el hospital, junto al enfermo.

3. Jesús es el Señor, le conoceréis,
   Él es la vida, es la verdad.
   Jesús es el Señor, le conoceréis,
   es el camino de libertad.
   Jesús es el Señor, no olvidéis su voz,
   es el Redentor de nuestro pueblo.

43. CHIQUIRRITÍN

Popular

¡Ay! del chiquirritín, chiquirriquitín,
metidito entre pajas.

¡Ay! del chiquirritín, chiquirriquitín,
queridí, queridito del alma.

1. Entre un buey y una mula
   Dios ha nacido,
   y en un pobre pesebre
   lo han recogido.

2. Por debajo del arco
   del portalico
   se descubre a María,
   José y el Niño.

3. Jesusito querido,
   dicen que comes
   corazones partidos
   de pecadores.

4. No me mires airado,
   Niñito mío,
   mírame con los ojos
   que yo te miro.

44. COMEREMOS DE SU MESA

J. Elezcano

Comeremos de la mesa
que nos dio el Señor
aprendiendo a compartir
el mismo pan,
pero luego en nuestro pueblo
hay que comprobar
si la mesa lleva a la fraternidad.

1. ¡Cuánta alegría hay en la mesa!
   la gente sabe que se come algo especial.

Es un banquete y Dios en medio,
es la memoria de un amor universal.

2. ¡Qué fácil todo, qué gratuito!
Pocos dirían que esto a alguno hace cambiar,
y sin embargo de poco sirve
ir a la mesa sin saber por qué se va.

3. Es un regalo que Dios nos hace,
es un apoyo que no vemos pero está;
la fe nos dice que en ese «poco»
hay un Misterio que al que vive hace cambiar.

45. COMO EL PADRE ME AMÓ (AMAOS)

Kairoi - J. M. Cubeles

Como el Padre me amó,
yo os he amado;
permaneced en mi amor,
permaneced en mi amor. (Bis)

1. Si guardáis mis palabras
y como hermanos os amáis,
compartiréis con alegría
el don de la fraternidad.
Si os ponéis en camino
sirviendo siempre la verdad,
fruto daréis en abundancia,
mi amor se manifestará.

Como el Padre me amó...

2. No veréis amor tan grande
como aquél que os mostré.
Yo doy la vida por vosotros.

Amad como yo os amé.
Si hacéis lo que os mando
y os queréis de corazón,
compartiréis mi pleno gozo,
de amar, como Él me amó.

Como el Padre me amó...

46. CÓMO LE CANTARÉ AL SEÑOR

R. Cantalapiedra

¿Cómo le cantaré al Señor?
¿Cómo le cantaré?
¿Cómo le cantaré al Señor?
¡Hombre de barro soy!

1. Él está en los montes y en el mar;
Él llena el silencio
de la noche en calma
y camina en la ciudad.

2. No mira en el hombre su color,
ni mira el dinero;
es Padre de todos
y a todos quiere el Señor.

3. El Señor no vino a condenar.
Él es nuestro Padre,
nuestro Padre bueno
y a todos quiere el Señor.

4. Acercaos todos al altar;
Él nos alimenta
con su mismo cuerpo
que es el Pan de la unidad.

5. Un mandato nuevo nos da Dios:
que todos amemos
a nuestros hermanos
como nos ama el Señor.

47. COMO TÚ, MARÍA
(QUIERO DECIR QUE SÍ)

Luis Alfredo

Quiero decir que sí,
como tú, María,
como tú, un día,
como tú, María.

Quiero entregarme a Él,
como tú...
Yo quiero serle fiel,
como tú...

Quiero decir que sí,
como tú, María.

48. CON VOSOTROS ESTÁ
(¿LE CONOCÉIS?)

M. Manzano - J. A. Olivar

Con vosotros está
y no le conocéis.
Con vosotros está,
su nombre es «El Señor». (Bis)

1. Su nombre es «El Señor» y pasa hambre,
y clama por la boca del hambriento,
y muchos que lo ven pasan de largo
acaso por llegar temprano al templo.

Su nombre es «El Señor» y sed soporta
y está en quien de justicia, va sediento,
y muchos que lo ven pasan de largo,
a veces ocupados en sus rezos.

2. Su nombre es «El Señor» y está desnudo,
la ausencia del amor hiela sus huesos,
y muchos que lo ven pasan de largo,
seguros y al calor de su dinero.
Su nombre es «El Señor» y enfermo vive
y su agonía es la del enfermo
y muchos que lo saben no hacen caso,
tal vez no frecuentaba mucho el templo.

3. Su nombre es «El Señor» y está en la cárcel,
está en la soledad de cada preso
y nadie lo visita y hasta dicen:
«tal vez ese no era de los nuestros».
Su nombre es «El Señor»: el que sed tiene,
Él pide por la boca del hambriento,
está preso, está enfermo, está desnudo,
pero Él nos va a juzgar por todo eso.

49. CORDERO DE DIOS

Cordero de Dios,
que quitas el pecado del mundo,
ten piedad de nosotros. (Bis)
Cordero de Dios,
que quitas el pecado del mundo,
danos la paz.

50. CREEMOS EN EL AMOR

E. V. Mateu

Hemos conocido el amor,
hemos puesto en él nuestro ideal,
y sabemos que al unirnos
en el nombre del Señor,
dando fuerza a nuestra vida Dios está.

1. Cristo nos convoca para ser con Él
signo de esperanza, signo de unidad,
para hacer presente el amanecer
de una nueva vida que comienza ya.

2. Juntos proclamamos el amor de Dios;
juntos compartimos nuestro mismo pan.
Siempre unidos como cuerpo del Señor,
juntos en la vida, juntos al rezar.

3. Hemos descubierto que la vida es
sólo una mentira si el amor no está,
porque en el amor está viviendo Dios
como fuente eterna de felicidad.

51. CREO, SEÑOR

Lerchundi - C. Gabaráin

1. Creo en Dios Padre todo poderoso,
creador del cielo y de la tierra.

¡Creo, Señor! ¡Creo, Señor!

2. Creo en Jesucristo su único Hijo,
que se hizo hombre y murió por salvarnos.

3. Creo en el Espíritu Santo,
y en la Iglesia Católica nuestra madre.

52. CRISTO ES LA RESURRECCIÓN

C. Erdozáin

Cristo es la resurrección,
es la esperanza, el amor.
Cristo es la paz, es camino
y verdad; Él es la vida.

1. Nos sintamos invitados
   a la mesa del Señor;
   compartamos como hermanos
   el pan de comunión,
   el cáliz del amor.

2. El que come de este pan
   verá la eternidad;
   el que bebe de este cáliz
   verá la salvación,
   será hijo de Dios.

3. Nuestras vidas son caminos
   que van a la eternidad;
   nuestra muerte es sólo un paso
   que acerca la verdad,
   y todos lo han de dar.

4. El que cree en su Palabra
   recibe la verdad;
   el que sigue su camino,
   camina a la ciudad,
   ciudad de eternidad.

53. CRISTO LIBERTADOR

C. Erdozáin

Cristo nos da la libertad,
Cristo nos da la salvación,
Cristo nos da la esperanza,
Cristo nos da el amor. (Bis)

1. Cuando luche por la paz
y la verdad la encontraré;
cuando cargue con la cruz
de los demás, me salvaré.
Dame, Señor, tu Palabra;
oye, Señor, mi oración.

2. Cuando sepa perdonar
de corazón, tendré perdón;
cuando siga los caminos
del amor, veré al Señor.
Dame, Señor, tu Palabra;
oye, Señor, mi oración.

3. Cuando siembre la alegría
y la amistad, vendrá el amor;
cuando viva en comunión
con los demás, seré de Dios.
Dame, Señor, tu Palabra;
oye, Señor, mi oración.

54. CRISTO TE NECESITA

C. Gabaráin

1. Cristo te necesita para amar, para amar,
Cristo te necesita para amar. (Bis)

No te importen las razas
ni el color de la piel,

ama a todos como hermanos
y haz el bien. (Bis)

2. Al que sufre y al triste dale amor, dale amor,
   al humilde y al pobre dale amor. (Bis)
3. Al que vive a tu lado dale amor, dale amor,
   al que viene de lejos dale amor. (Bis)
4. Al que habla otra lengua dale amor, dale amor,
   al que piensa distinto dale amor. (Bis)
5. Al amigo de siempre dale amor, dale amor,
   y al que no te saluda dale amor. (Bis)

55. CUÁNTAS VECES SIENDO NIÑO TE RECÉ
(HOY HE VUELTO)

C. Gabaráin

1. Cuántas veces siendo niño te recé
   con mis besos te decía que te amaba,
   poco a poco, con el tiempo, olvidándome de ti
   —por caminos que se alejan me perdí. (Bis)

Hoy he vuelto, Madre, a recordar,
cuántas cosas dije ante tu altar,
y al rezarte, puedo comprender,
—que una madre no se cansa de esperar. (Bis)

2. Al regreso, me encendías una luz,
   sonriendo desde lejos me esperabas,
   en la mesa la comida aún caliente y el mantel
   —y tu abrazo en mi alegría de volver. (Bis)
3. Aunque el hijo se alejara del hogar,
   una madre siempre espera su regreso,
   que el regalo más hermoso que a los hijos da el Señor
   —es su madre y el milagro de su amor. (Bis)

D

56. DALE EL DESCANSO, SEÑOR

C. Erdozáin

Dale el descanso, Señor,
dale el descanso;
abre tus brazos de amor,
tu salvación.

1. Te reciban los ángeles
en su ciudad;
te reciban los mártires
en su amistad.

2. Que se apaguen las lágrimas
en nuestro hogar,
porque existe otra vida,
Dios nos la da.

3. Cuando llegue la tarde,
cerca está ya,
que tu llama ilumine
la eternidad.

57. DANOS UN CORAZÓN GRANDE PARA AMAR
(HOMBRES NUEVOS)

J. A. Espinosa

Danos un corazón
grande para amar.

Danos un corazón
fuerte para luchar.

1. Hombres nuevos, creadores de la historia,
   constructores de nueva humanidad.
   Hombres nuevos que viven la existencia
   como riesgo de un largo caminar.

2. Hombres nuevos, luchando en esperanza,
   caminantes, sedientos de verdad.
   Hombres nuevos, sin frenos ni cadenas,
   hombres libres que exigen libertad.

3. Hombres nuevos amando sin fronteras,
   por encima de razas y lugar.
   Hombres nuevos al lado de los pobres,
   compartiendo con ellos techo y pan.

58. DE LA VIRGEN HA NACIDO

A. Alcalde

De la Virgen ha nacido
el Niño que es Dios y Rey.
Viene a darnos nueva vida,
todos nacemos en Él.
Se alegran cielos y tierra,
venid, venid a Belén,
se alegran cielos y tierra,
venid, venid a Belén.

1. La Virgen de la esperanza
   a Dios concibió en su seno,
   tejiendo fue con su sangre
   al infinito en su pecho.
   En la voz de los profetas
   oyó los pasos del Verbo

que avanzaba «cual gigante»
de la eternidad al tiempo.

2. María, llena de gracia,
a Dios Niño das el pecho
con caricias maternales
de mil abrazos y besos.
Virgen Madre nos revelas
lo escondido del misterio:
a Dios has hecho tangible
haciéndolo hermano nuestro.

3. De ti aprende la Iglesia
a revelar el misterio;
Epifanía de Cristo,
presencia viva del Verbo.
Lo mostraste a los pastores,
lo presentaste en el templo,
y a tu lado, con los Magos,
lo hallaron todos los pueblos.

59. DEMOS GRACIAS AL SEÑOR

C. Gabaráin

Demos gracias al Señor,
demos gracias,
demos gracias al Señor.

1. En la mañana que se levanta
el día canta y yo canto al Creador. (Bis)

2. Cuando la noche se despereza
con sueño reza y yo rezo al Creador. (Bis)

3. Cuando en mi pecho la vida siento,
mi pensamiento sonríe al Creador. (Bis)

60. DESDE LO HONDO

M. Manzano

1. Desde lo hondo a Ti grito, Señor;
Señor, escucha mi voz;
estén tus oídos atentos
a la voz de mi súplica.

Mi alma espera en el Señor,
mi alma espera en su palabra;
mi alma aguarda al Señor,
porque en Él está la salvación.

2. Si llevas cuenta de los delitos, Señor,
¿quién podrá resistir?
Pero de Ti procede el perdón,
y así infundes respeto.

3. Mi alma aguarda al Señor,
más que el centinela la aurora.
Aguarde Israel al Señor,
como el centinela la aurora.

4. Porque del Señor viene la misericordia
y la redención copiosa;
y Él redimirá a Israel
de todos sus delitos.

61. DESPIDAMOS AL HERMANO

C. Erdozáin

1. Despidamos todos juntos al hermano
y elevemos en su honor una oración;
despidamos todos juntos al hermano
y entonemos la victoria del Señor;
entonemos la victoria.

Cristo te dé la vida
y te reciba en su amistad. (Bis)

2. Tu familia y amistades hoy presentes
   te desean que descanses junto a Dios;
   tu familia y amistades hoy presentes
   te despiden y te cantan el adiós:
   hasta pronto, hasta el cielo.

Cristo te dé la vida
y te reciba en su amistad. (Bis)

62. DICHOSA MARÍA

Mariano Fuertes

1. Al caer de la tarde,
   a la orilla del lago,
   una voz entusiasta
   a María alabó;
   y Jesús le replica
   que más bien son dichosos
   los que escuchan y cumplen
   la palabra de Dios.

Dichosos sois,
si escucháis bien la palabra
y la guardáis
en la mente y corazón,
dichosos sois, dichosos sois
por escuchar
la voz de vuestro Dios.

Dichoso el vientre
que dio vida a tu vida
y la mujer

que en su seno te llevó.
Dichosa es, dichosa es,
Santa María,
la madre del Señor.

2. Y dichosos los hombres
que acogéis al hermano,
que cumplís mis palabras,
que sabéis perdonar;
porque un día un profeta
desde un lago lejano,
proclamó su mensaje
que es amar por amar.

63. DIME NIÑO

Popular - Andalucía

Dime Niño, ¿de quién eres?
todo vestido de blanco. (Bis)
Soy de la Virgen María
y del Espíritu Santo. (Bis)

Resuenen con alegría
los cánticos de mi tierra
y viva el niño de Dios
que nació en la Nochabuena. (Bis)

La Nochabuena se viene, tu-ru-rú.
La Nochabuena se va;
y nosotros nos iremos, tu-ru-rú,
y no volveremos más.

Resuenen con alegría...

Dime Niño, ¿de quién eres?
y si te llamas Jesús. (Bis)

Soy amor en el pesebre
y sufrimiento en la cruz. (Bis)

Resuenen con alegría...

64. DIOS ES FIEL

A. Taulé

1. Dios es fiel: guarda siempre su Alianza;
libra al pueblo de toda esclavitud.
Su Palabra resuena en los profetas,
reclamando el bien y la virtud.

2. Pueblo en marcha por el desierto ardiente:
horizontes de paz y libertad.
Asamblea de Dios, eterna fiesta;
tierra nueva, perenne heredad.

3. Si al mirar hacia atrás somos tentados
de volver al Egipto seductor,
el Espíritu empuja con su fuerza
a avanzar por la vía del amor.

4. El maná es el don que el cielo envía,
pero el pan hoy se cuece con sudor.
Leche y miel nos dará la tierra nueva
si el trabajo es fecundo y redentor.

5. Y Jesús nos dará en el Calvario
su lección: «Hágase tu voluntad».
Y su sangre, vertida por nosotros,
será el precio de nuestra libertad.

65. DIOS ESTÁ AQUÍ

Javier Garcías

Dios está aquí,
tan cierto como el aire que respiro,
tan cierto como la mañana se levanta,
tan cierto como que este canto lo puedes oír.

1. Lo puedes oír, moviéndose entre los que aman,
lo puedes oír, cantando con nosotros aquí;
lo puedes llevar, cuando por esa puerta salgas;
lo puedes guardar muy dentro de tu corazón.

2. Lo puedes sentir junto a Ti en cualquier momento.
Lo puedes oír, cantando con nosotros así.
No temas ya más, el Señor nos lo perdona todo;
Jesús está aquí, si quieres lo puedes seguir.

66. DIOS TE SALVE

Popular

Dios te salve, Reina y Madre, de misericordia,
vida, dulzura y esperanza nuestra, Dios te salve;
a Ti llamamos los desterrados hijos de Eva;
a Ti suspiramos, gimiendo y llorando
en este valle de lágrimas.
Ea, pues, Señora, abogada nuestra,
vuelve a nosotros esos tus ojos,
misericordiosos y después de este destierro,
muéstranos a Jesús, fruto bendito de tu vientre.
¡Oh clementísima! ¡Oh piadosa! ¡Oh dulce Virgen María!
Ruega por nos (nosotros), Santa Madre de Dios,
para que seamos dignos,
de alcanzar las promesas de Jesucristo. Amén, Jesús.

67. DOLOROSA

J. A. Espinosa

Dolorosa, de pie junto a la cruz,
— tú conoces nuestras penas,
penas de un pueblo que sufre. (Bis)

1. Dolor de los cuerpos que sufren enfermos,
el hambre de gentes que no tienen pan,
silencio de aquellos que callan por miedo,
la pena del triste que está en soledad.
2. El drama del hombre que fue marginado,
tragedia de niños que ignoran reír,
la burda comedia de huecas promesas,
la farsa de muertos que deben vivir.
3. Dolor en los hombros sin tregua oprimidos,
cansancio de brazos en lucha sin fin,
cerebros lavados a base de eslóganes,
el rictus amargo del pobre infeliz.

68. DONDE HAY AMOR

R. Cantalapiedra

Donde hay amor allí está Dios. (Bis)

1. Jesús nos ha reunido,
amémonos hermanos,
tenemos al Señor
que marcha a nuestro lado.
2. Jesús nos ha reunido,
ahora sólo formamos
un solo corazón
amémonos hermanos.
3. Cantemos al Dios vivo,
unamos nuestras manos,
pidamos al Señor
que un día le veamos.

69. DONDE HAY CARIDAD Y AMOR

J. Madurga

Donde hay caridad y amor,
allí está el Señor.
Allí está el Señor.

1. Una sala y una mesa,
una copa, vino y pan,
los hermanos compartiendo
en amor y en unidad.
Nos reúne la presencia
y el recuerdo del Señor,
celebramos su memoria
y la entrega de su amor.

2. Invitados a la mesa
del banquete del Señor,
recordamos su mandato
de vivir en el amor.
Comulgamos en el cuerpo
y en la sangre que Él nos da,
y también en el hermano
si lo amamos de verdad.

3. Este pan que da la vida
y este cáliz de salud
nos reúne a los hermanos
en el nombre de Jesús.
Anunciamos su memoria,
celebramos su pasión,
el misterio de su muerte
y de su resurrección.

E

70. EL AGUA DEL SEÑOR

Kairoi

El agua del Señor,
sanó mi enfermedad,
el agua del Señor Jesús. (Bis)

1. El que quiera y tenga sed,
que venga y beba gratis.
El que quiera y tenga sed,
beba el agua de la vida.

2. El que beba de esta agua
jamás tendrá sed.
El que beba de esta agua
jamás tendrá sed.

3. Sobre ti derramaré
el agua, que es la vida,
y tu corazón de piedra
en amor transformaré.

4. El que crea en mi palabra
y se abra a mi fuerza
de su seno brotarán
torrentes de agua viva.
Te doy gracias,
Tú me cambias,
Tú me llenas.
Me has salvado.

71. EL AMOR ES NUESTRO CANTO

Kairoi

1. El amor es la palabra limpia, que hace vivir.
   Es tener el corazón abierto y es sufrir.
   Es decirle al hermano pobre: solo no estás.
   No dejes que pase tu tiempo sin más.

El amor es nuestro canto
a la vida que se da,
y que espera un amanecer
en la verdad. (Bis)

2. El amor es el regalo eterno que nos da Dios.
   Es tener el corazón abierto y es perdón.
   Es la fe y la esperanza cierta del más allá.
   No dejes que pase tu tiempo sin más.

3. El amor es un camino largo y sin final.
   Es la luz que inunda sombras en la oscuridad.
   Es la vida que nos brinda un tiempo de oportunidad.
   No dejes que pase tu tiempo sin más.

72. EL MANDATO

R. Cantalapiedra

Os doy un mandato nuevo, (Bis)
—que os améis, **que os améis,**
como yo os he amado. (Bis)

73. EL NIÑO DIOS

C. Gabaráin

1. El niño Dios ha nacido en Belén
   aleluya, aleluya.
   Quiere nacer en nosotros también
   aleluya, aleluya.

Aleluya, aleluya,
aleluya, aleluya,
aleluya, aleluya.
Aleluya.

2. Sólo los pobres y humildes lo ven;
aleluya, aleluya.
Sólo el amor nos conduce hasta Él;
aleluya, aleluya.

3. Hay en los cielos mensajes de paz;
aleluya, aleluya.
Para los hombres de fe y voluntad;
aleluya, aleluya.

74. EL SEÑOR HIZO EN MÍ MARAVILLAS

Gelineau

El Señor hizo en mí maravillas,
gloria al Señor.

1. Engrandece mi alma el Señor,
se alegra mi espíritu en Dios mi Salvador.

2. Se inclinó a la pequeñez de su esclava;
desde ahora dichosa me dirán
todos los siglos.

3. Maravillas hizo en mí el Poderoso,
y Santo es su nombre.

4. Su bondad por los siglos de los siglos;
para aquellos que le temen.

5. Desplegó fortaleza su brazo;
dispersó a los soberbios.

6. Derribó a los potentados de los tronos;
   encumbró a los pobres.
7. A los hambrientos llenó de bienes,
   y a los ricos despidió vacíos.
8. Acogió a Israel su siervo,
   recordando su bondad.
9. Según habló a nuestros padres,
   en favor de Abrahán y su linaje para siempre.
10. Gloria al Padre, al Hijo y al Espíritu,
   por los siglos de los siglos.

75. EL SEÑOR DIOS NOS AMÓ

Popular

1. El Señor Dios nos amó,
   como nadie amó jamás.
   Él nos guía como estrella
   cuando no existe la luz.
   Él nos da todo su amor
   cuando partimos el pan,
   es el pan de la amistad,
   el pan de Dios:

Es mi Cuerpo, tomad y comed;
esta es mi Sangre, tomad y bebed,
pues Yo soy la vida, Yo soy el amor.
Oh, Señor, condúcenos hasta tu amor.

2. El Señor Dios nos amó,
   como nadie amó jamás,
   sus paisanos le creían
   hijo de un trabajador.

Como todos, Él también
ganó el pan con su sudor
y conoce la fatiga y el dolor.

3. El Señor Dios nos amó
como nadie amó jamás.
Él reúne a los hombres
y les da a vivir su amor.
Los cristianos todos ya,
miembros de su cuerpo son,
nadie puede separarlos de su amor.

76. EL SEÑOR ES MI PASTOR

F. Palazón

El Señor es mi pastor, nada me falta.
El Señor es mi pastor.

1. En verdes praderas me hace recostar.
Me conduce hacia fuentes tranquilas
y repara mis fuerzas.
Me guía por el justo sendero
por el honor de su nombre.

2. Aunque camine por oscuras cañadas
no he de temer.
Nada temo porque Tú vas conmigo.
Tu vara y tu cayado me sosiegan.

3. Tu bondad y tu misericordia
me acompañan toda mi vida.
Y habitaré por años sin fin
en la casa del Señor.

77. EL SEÑOR ME AMÓ

A. Luna

El Señor me amó por su gran bondad,
el Señor es bueno para mí. (Bis)

1. Tú con tu voz, cántale,
   Él es tu Dios,
   Él es bueno con nosotros.

2. Es «El Señor», ámale,
   Él es tu Dios.
   Él es grande con nosotros.

3. Él «es Jesús»,
   ámale con tu corazón,
   Él es joven con nosotros.

78. EL TAMBORILERO

K. Davis - Clavero

1. El camino que lleva a Belén
   baja hasta el valle que la nieve cubrió,
   los pastorcillos quieren ver a su Rey,
   le traen regalos en su humilde zurrón.
   Ropopompom, ropopompom...
   Ha nacido en un portal de Belén
   el Niño Dios.

2. Yo quisiera poner a tus pies
   algún presente que te agrade, Señor,
   mas Tú ya sabes que soy pobre también
   y no poseo más que un viejo tambor.
   Ropopompom, ropopompom...
   En tu honor frente al portal tocaré
   con mi tambor.

3. El camino que lleva a Belén
yo voy marcando con mi viejo tambor;
nada mejor hay que te pueda ofrecer,
su ronco acento es un canto de amor.
Ropopompom, ropopompom...
Cuando Dios me vio tocando ante Él
me sonrió.

79. EN LA CRUZ NOS DAS LA VIDA

J. M. Cubeles - Kairoi

Tus heridas nos han curado
y tu muerte nos trae la salvación.
En la cruz nos das la vida.
Por tu sangre, el perdón.

1. Te condenan a muerte por ser fiel,
inocente, testigo del amor.
Y te cargan el peso de la cruz,
olvidado en tu pena y tu dolor.
Hoy, Señor, te volvemos a clavar
en los hombres que mueren sin razón,
torturado, hambriento, sin hogar,
siendo injustos, cerrando el corazón.

2. Despojado de toda dignidad,
te condenan el odio y el rencor,
coronado de espinas como Rey
das tu vida por el Reino de Dios.
Hoy tu sangre se vuelve a derramar
por gritar los derechos y el amor.
Muere el justo que dice la verdad,
los más pobres, los que no tienen voz.

80. EN LA NOCHE MÍRANOS
(HIMNO)

J. A. Espinosa

En la noche, míranos.
Danos tu mano, Señor.
En la noche, míranos.
Danos tu mano, Señor.

1. Libra mis ojos de la muerte;
dales la luz, que es su destino.
Yo, como el ciego del camino,
pido un milagro para verte.

2. Haz que mi pie vaya ligero.
Da de tu pan y de tu vaso
al que te sigue paso a paso
por lo más duro del sendero.

3. Que yo comprenda, Señor mío,
al que se queja y retrocede;
que el corazón no se me quede
desentendidamente frío.

4. Guarda mi fe del enemigo.
¡Tantos me dicen que estás muerto!...
Tú que conoces el desierto,
dame tu mano y ven conmigo.

81. EN MOMENTOS ASÍ

David Graham

1. En momentos así, levanto mi voz,
levanto mi canto a Cristo.
En momentos así, levanto mi ser,
levanto mis manos a Él.

Cuánto te amo, Dios, (Bis)
cuánto te amo, Dios, te amo.

2. En momentos así, escucho tu voz,
   escucho palabras de vida.
   En momentos así, escucho tu voz,
   escucho palabras de amor.

82. EN SU MESA HAY AMOR

Kairoi

El Señor nos ha reunido junto a Él,
el Señor nos ha invitado a estar con Él.
En su mesa hay amor, la promesa del perdón,
y en el vino y pan su corazón. (Bis)

Cuando, Señor, tu voz
llega en silencio a mí
y mis hermanos me hablan de Ti,
sé que a mi lado estás,
te sientas junto a mí,
compartes mi vida y mi oración.

83. EN TORNO AL PAN

Antonio Torrelles

Las fuerzas se rehacen en la mesa,
se olvidan los silencios sin razón,
se escucha una nueva palabra,
con la mirada en torno al pan,
en torno a Él.

1. Una mesa que no tenga horarios,
   mesas amplias con mucho lugar.
   Platos llenos de gran confianza,

compartiendo el calor del hogar.
Que la mesa reúna ilusiones,
y detalles de un mismo vivir.
El sabor del encuentro y la fiesta,
crecerá como masa de pan.

2. En la mesa vivamos sin prisa
cada gesto de hermano y su fe;
que la mesa serene las penas,
fortalezca los cuerpos y el dar.
En la mesa busquemos descanso
y un resquicio de tiempo y un tú,
de aquel tiempo gratuito que empuja
a llevar a los hombres la paz.
Vivir en torno a Él.

84. ENSÉÑANOS A ORAR

A. Luna

Señor, enséñanos a orar.
Señor, enséñanos a orar
como enseñaste a tus discípulos
para cumplir tu voluntad.

1. Cuando recéis
no uséis muchas palabras
abrid el corazón,
abrid el corazón. (Bis)

2. Cuando recéis
llamad a Dios Abbá.
Abrid el corazón,
abrid el corazón. (Bis)

3. En la oración
alcemos nuestra manos,
alcemos nuestras manos,
abrid el corazón. (Bis)

85. ERES EL FUEGO, EL AMOR

Ramón Romero - Kairoi

Eres el fuego, el amor,
rocío, terremoto, la fuerza, Señor.
Silencio que me envuelve
de día y sin luz.
Tú estás aquí. (Bis)

1. Busco en los pueblos sosiego y paz.
   Hallo en los hombres tu gran amistad.
   Siento que hablas en cada vecino,
   guías mis pasos, me llevas a ti.
   Tu amor, tu grandeza, hoy cantaré.
   Borras mi culpa, me infundes aliento.
   Codo con codo, contigo iré.
   Siento que estás junto a mí.

2. Mientras trabajo Tú estás junto a mí,
   en el descanso y al caminar.
   En las sonrisas y amargos momentos
   siento que estás junto a mí.

86. ESCUCHA HERMANO

Beethoven - Schiller

1. Escucha, hermano,
   la canción de la alegría,
   el canto alegre
   del que espera un nuevo día.

Ven, canta, sueña cantando,
vive soñando el nuevo sol
en que los hombres volverán
a ser hermanos. (Bis)

2. Si en tu camino
sólo existe la tristeza
y el llanto amargo
de una soledad completa. Ven...

3. Si es que no encuentras
la alegría en esta tierra,
búscala, hermano,
más allá de las estrellas. Ven...

87. ESCUCHA, TÚ, LA PALABRA

Xoaquín Pomares

Escucha, tú, la Palabra de Dios.
No sólo con tus oídos,
también con tu corazón.
Escucha, tú, la Palabra de Dios.
Estate siempre atento a su voz.

88. ESCUCHANDO TU LLAMADA

J. Madurga

1. Escuchando tu llamada
emprendemos el camino
que conduce hacia la Pascua
de tu Hijo Jesucristo.
Cruzaremos el desierto
de tu mano conducidos
hasta hallar la nueva tierra
que tú nos has prometido.

Vas con nosotros, Señor, en el camino
animando la esperanza de tu pueblo peregrino.
Vas con nosotros, Señor, en el camino
con la luz de tu palabra, con tu pan y con tu vino.

2. Escuchando tu llamada
hoy nos hemos reunido
para renovar tu Alianza,
que nos unirá contigo.
Sellaremos la promesa
celebrando el sacrificio
con la entrega y con la ofrenda
de la sangre de tu Hijo.

3. Escuchando tu llamada
a tu fuente hemos venido
a saciar en tu agua viva
nuestra sed de peregrinos.
Renacimos a tu vida
en las aguas del Bautismo:
sepultados al pecado,
nuestra vida es Jesucristo.

89. ESPÍRITU SANTO, GUÍANOS

B. Velado - A. Alcalde

Ven, Espíritu Santo,
ven, Espíritu Santo.
Ven, Espíritu Santo.

1. Alúmbranos y guíanos. (Bis)
Coviértenos y alégranos. (Bis)

2. Enciéndenos, transfórmanos. (Bis)
Confórtanos, reúnenos. (Bis)

3. Envíanos y guárdanos. (Bis)
Inspíranos y aliéntanos. (Bis)

4. Visítanos, consuélanos. (Bis)
Confírmanos y sálvanos. (Bis)

90. ESPÍRITU SANTO, VEN

Carismático

Espíritu Santo, ven, ven.
Espíritu Santo, ven, ven.
Espíritu Santo, ven, ven
en el nombre del Señor. (Bis)

1. Acompáñame, condúceme,
toma mi vida.
Santifícame, transfórmame.
Espíritu Santo, ven.

2. Resucítame, conviérteme
todos los días.
Glorifícame, renuévame.
Espíritu Santo, ven.

3. Fortaléceme, consuélame
en mis pesares.
Resplándeceme, libérame.
Espíritu Santo, ven.

4. Ilumíname, inspírame
cuando decaiga.
Aniquílame, consúmeme.
Espíritu Santo, ven.

91. ÉSTA ES LA HORA

B. Velado - A. Alcalde

1. Ésta es la hora en que rompe el Espíritu
el techo de la tierra,
y una lengua de fuego innumerable
purifica, renueva, enciende,
alegra las entrañas del mundo.

2. Ésta es la fuerza
que pone en pie a la Iglesia
en medio de las plazas
y levanta testigos en el pueblo
para hablar con palabras
como espadas delante de los jueces.

3. Llama profunda, que escrutas e iluminas
el corazón del hombre:
restablece la fe con tu noticia,
y el amor ponga en vela la esperanza,
hasta que el Señor vuelva.

92. ESTABA JUNTO A LA CRUZ

Mariano Fuertes

Estaba junto a la cruz,
estaba junto a la cruz,
la madre, piadosa, llorando
la muerte de Jesús.
María muy triste sufría,
de pie junto a la cruz.

Dios te salve María,
llena eres de gracia,
el Señor es contigo
y bendita Tú eres,
el Señor es contigo,
el Señor es contigo.

Estaba junto a la cruz,
estaba junto a la cruz.

93. ÉSTE ES EL AYUNO

B. Velado - A. Alcalde

Éste es el ayuno que agrada al Señor,
ésta es la sincera conversión.
Éste es el ayuno que agrada al Señor.

1. Parte tu pan con el hambriento
dale posada al peregrino,
acoge al emigrante y extranjero.

2. Abre las cárceles injustas,
libra a los presos y oprimidos
y rompe las cadenas y los cepos.

3. Mira al Señor que está escondido,
sale a tu encuentro en los hermanos;
y rasga el corazón y no el vestido.

94. ÉSTE ES EL DÍA EN QUE ACTUÓ EL SEÑOR

M. Manzano

Éste es el día en que actuó el Señor:
sea nuestra alegría y nuestro gozo.
Dad gracias al Señor porque es bueno,
porque es eterna su misericordia.
¡Aleluya, Aleluya!

1. Que lo diga la casa de Israel:
es eterna su misericordia.
Que lo diga la casa de Aarón:
es eterna su misericordia.
Que lo digan los fieles del Señor:
es eterna su misericordia.

2. Escuchad, hay cantos de victoria
en las tiendas de los justos:

«La diestra del Señor es poderosa,
es excelsa la diestra del Señor». (Bis).

3. Abridme las puertas del triunfo,
y entraré para dar gracias al Señor.
Ésta es la puerta del Señor;
los vencedores entrarán por ella.
Yo no he de morir, yo viviré
para contar las hazañas del Señor.

4. La piedra que el cantero desechó
es ahora la piedra angular.
Es el Señor quien lo ha hecho,
esto ha sido un milagro patente.
Te doy gracias porque me escuchaste,
porque fuiste mi salvación.

95. ÉSTE ES EL PAN DE LOS HIJOS

A. Alcalde - B. Velado

1. Éste es el pan de los hijos,
preparado con amor.
Éste es el pan compartido
en la misma comunión.

¡Dichosos los invitados
a la mesa que alegra el corazón!
¡Dichosos los invitados
a la cena del Señor!

2. Éste es el Pan de los fuertes
que del cielo descendió.
Éste es el vino de la fiesta
que enardece el corazón.

3. Éste es el Cuerpo de Cristo,
entregado por amor.

Ésta es la Sangre de Cristo,
Alianza eterna con Dios.

4. Éste es el Pan del camino
de la peregrinación.
Éste es el Pan de la vida
y de la resurrección

96. ESTE PAN Y VINO, SEÑOR

C. Erdozáin

**Este pan y vino, Señor,
se transformarán
en tu Cuerpo y Sangre, Señor,
en nuestro Manjar.**

1. Gracias al sol y al labrador,
en el altar florecen hoy
las espigas, los racimos
que presentamos a Dios.

2. Lo que sembré con mi dolor,
lo que pedí en mi oración,
hoy son frutos, son ofrendas
que presentamos a Dios.

97. ESTOY LLAMANDO A TU PUERTA
(Y CENARÉ CONTIGO)

J. Santos

1. Estoy llamando a tu puerta,
estoy queriendo pasar,
—Si escuchas mi voz y abres
contigo puedo cenar. (Bis)

Pasa, Señor, a mi casa
que es tu casa de verdad.
Tengo la mesa servida,
tengo fuego en el hogar. (Bis)

2. Buscando nuevos amigos,
caminos yo recorrí,
— buscando llegué a tu casa
buscando en amor en ti. (Bis)

3. A mis hermanos convido,
con ellos parto mi pan.
— La luz que brilló en mi pecho
les dejo siempre al marchar. (Bis)

98. ESTRELLA Y CAMINO

C. Gabaráin

Estrella y camino, prodigio de amor,
de tu mano, Madre, hallamos a Dios.

1. Todos los siglos están mirando hacia Ti,
todos escuchan tu voz temblando en un sí.
Cielos y tierra se dan en tu corazón
como un abrazo de paz, ternura y perdón.

2. Tú nos lo diste en Belén, en pobre portal,
en tu regazo le ven el rey y el zagal.
Tú nos lo diste en la cruz, altar de dolor,
muerto en tus brazos está un Dios redentor.

3. Toda la Iglesia con fe eleva un clamor,
puestos los ojos en Ti, la Madre de Dios.
Puente y sendero de amor, sublime misión
la de traernos a Dios en tu corazón.

99. FIESTA DE LA MADRE

A. Alcalde

Es la fiesta de la Madre
que a su lado nos congrega,
a los hijos más cercanos
y a cuantos de lejos llegan.
Te cantamos jubilosos,
Madre de Dios, Madre nuestra.

1. No te traemos coronas,
   mantos, joyas, ricos dones;
   te damos nuestro cariño,
   —Reina de los corazones. (Bis)

2. Unos te alzaron ermitas,
   otros te llenan de flores;
   nosotros te proclamanos:
   —Madre feliz de los pobres. (Bis)

3. Descúbrenos la alegría
   de estar libres de equipaje:
   la humildad, la pobreza
   —en la que Dios se complace. (Bis)

G

100. GLORIA

Gloria a Dios en el cielo,
y en la tierra paz a los hombres
que ama el Señor.
Por tu inmensa gloria te alabamos,
te bendecimos, te adoramos,
te glorificamos, te damos gracias,
Señor Dios, Rey celestial,
Dios Padre todopoderoso.
Señor, Hijo único, Jesucristo.
Señor Dios, Cordero de Dios, Hijo del Padre;
tú que quitas el pecado del mundo,
ten piedad de nosotros;
tú que quitas el pecado del mundo,
atiende nuestra súplica;
tú que estás sentado a la derecha del Padre,
ten piedad de nosotros;
porque sólo tú eres Santo, sólo tú Señor,
sólo tú Altísimo, Jesucristo,
con el Espíritu Santo en la gloria de Dios Padre. Amén.

101. GLORIA

Faustino Díez I. (Fiesta del amor)

Gloria, gloria, gloria, aleluya. (Bis)

1. Él es el creador de todo,
de todo cuanto existe.
Él es el Señor por siempre,
el todopoderoso.

2. Él es nuestra esperanza,
el principio y el final.
Él sostiene nuestras vidas,
y en tus labios la sonrisa.

102. GLORIA

F. Palazón

**Gloria a Dios en el cielo,
y en la tierra paz
a los hombres que ama el Señor.**

Por tu inmensa gloria te alabamos,
te bendecimos, te adoramos,
te glorificamos, te damos gracias,

Señor Dios, Rey celestial,
Dios Padre todopoderoso.
Señor, Hijo único, Jesucristo.
Señor Dios, Cordero de Dios,
Hijo del Padre;

tú que quitas el pecado del mundo,
ten piedad de nosotros;
tú que quitas el pecado del mundo,
atiende nuestra súplica;
tú que estás sentado

a la derecha del Padre,
ten piedad de nosotros;

porque sólo tú eres Santo,
sólo tú Señor,
sólo tú Altísimo, Jesucristo,
con el Espíritu Santo
en la gloria de Dios Padre. Amén.

103. GLORIA A DIOS

Mariano Fuertes

Gloria a Dios,
Gloria a Dios,
Gloria, gloria a Dios,
—y en la tierra al hombre paz,
ha nacido el Salvador. (Bis)

1. Los ángeles vienen cantando
alegres la gloria de Dios,
anuncian la buena noticia:
que nació, que nació,
que nació Jesús, el Señor.

2. Pastores llegad presurosos,
venid y adorad al Señor,
su tienda plantó entre nosotros:
ya nació, ya nació,
ya nació Jesús, el Señor.

3. Nació la palabra del Padre,
llegó la palabra de Dios,
venid escuchadla las gentes:
ya nació, ya nació,
ya nació Jesús, el Señor.

104. GLORIA A DIOS EN LAS ALTURAS

Popular

Gloria a Dios en las alturas
y en la tierra al hombre paz.
Así los ángeles cantan,
de Belén en el portal.

1. A Belén venid, pastores,
   que ha nacido nuestro Rey.
   Envuelto en pobres pañales,
   sobre pajas lo veréis.

2. Temblando de frío
   llora en el pesebre mi Dios.
   Porque el mundo está tan frío,
   Él viene a darle calor.

105. GLORIA, GLORIA, ALELUYA

E. Negro. EE.UU. (Barriales)

Gloria, gloria, aleluya,
gloria, gloria, aleluya,
gloria, gloria, aleluya,
en nombre del Señor.

1. Cuando sientas que tu hermano
   necesita de tu amor,
   no le cierres las entrañas
   ni el calor del corazón;
   busca pronto en tu recuerdo
   la palabra del Señor:
   mi ley es el amor.

2. Cristo dijo que quien llora
   su consuelo encontrará;

quien es pobre, quien es limpio
será libre y tendrá paz.
Rompe pronto tus cadenas,
eres libre de verdad:
empieza a caminar.

3. Si el camino se hace largo,
si te cansas bajo el sol,
si en tus campos no ha nacido
ni la más pequeña flor,
toma mi mano y cantemos
unidos por el amor,
en nombre del Señor.

106. GRACIAS, SEÑOR, POR NUESTRA VIDA

M. de Terry

Gracias, Señor, por nuestra vida,
gracias, Señor, por la ilusión,
gracias, Señor, por la esperanza,
gracias de todo corazón.

1. Gracias, Señor, por cada hora,
gracias, Señor, por cada flor,
—gracias, Señor, porque esperamos
a que mañana brille el sol. (Bis)

2. Gracias, Señor, por la sonrisa,
gracias, Señor, por el calor,
—gracias, Señor, por cada hombre
que aún confía en el amor. (Bis)

3. Gracias, Señor, por los amigos,
gracias, Señor, por el amor,
—gracias, Señor, porque creemos
en tu callada redención. (Bis)

107. GUSTAD Y VED

M. Manzano

Gustad y ved
qué bueno es el Señor;
dichoso el que se acoge a Él;
gustad y ved qué bueno es el Señor;
dichoso el que se acoge a Él.

1. Bendice, alma mía, al Señor,
y todo mi ser a su santo nombre.
Bendice, alma mía, al Señor,
y no olvides sus beneficios.
Él perdona todas tus culpas
y cura todas tus enfermedades;
Él rescata tu vida de la fosa
y te colma de gracia y de ternura.

2. El Señor hace justicia
y defiende a todos los oprimidos.
El Señor es compasivo y bondadoso,
lento a la ira y rico en clemencia;
no está siempre acusando
ni guarda rencor perpetuo;
no nos trata como merecen nuestras culpas
ni nos paga según nuestros pecados.

3. Como se eleva el cielo sobre la tierra,
se levanta su bondad sobre sus fieles;
como dista el oriente del ocaso,
así aleja de nosotros nuestros delitos.
Como un padre siente amor por sus hijos,
siente el Señor ternura por sus fieles,
porque Él conoce nuestra masa,
y se acuerda de que somos barro.

H

108. HA NACIDO EL SALVADOR

C. Erdozáin

Aleluya, aleluya,
ha nacido el Salvador. (Bis)

1. Escuchad, hermanos,
una gran noticia:
—hoy, en Belén de Judá
os ha nacido el Salvador. (Bis)

2. Escuchad, hermanos,
una gran noticia:
—Gloria en los cielos a Dios
y aquí, en la tierra, al hombre paz. (Bis)

3. Escuchad, hermanos,
una gran noticia:
—Dios a su Hijo envió,
es Jesucristo Salvador. (Bis)

109. HABLA, SEÑOR

J. Madurga

Habla, Señor, que tu hijo escucha,
habla, Señor, te quiero escuchar,
habla, Señor, danos tu mensaje,
habla, Señor, danos tu verdad.

110. HACED LO QUE ÉL OS DIGA

A. Alcalde

1. Son tantos los invitados
   al banquete de la vida
   que ya falta en nuestra mesa
   el vino de la alegría.

Haced lo que Él os diga.
Haced lo que Él os diga.
Y no faltará en la fiesta
el vino de la alegría.

2. Señor, se agotan tus dones
   si tú no los multiplicas.
   Para compartirlos siempre
   nos das tu presencia viva.

3. Y en la mesa de tu Iglesia,
   que la Madre nos repita
   su plegaria y su consejo:
   «Haced lo que Él os diga».

111. HACIA TI, MORADA SANTA

K. Argüello

Hacia ti, morada Santa;
hacia ti, tierra del Salvador.
Peregrinos, caminantes,
vamos hacia ti.

1. Venimos a tu mesa
   sellaremos tu pacto,
   comeremos tu carne,
   tu sangre nos limpiará.
   Reinaremos contigo
   en tu morada santa.

Beberemos tu sangre
tu fe nos salvará.

2. Somos tu pueblo santo
que hoy camina unido,
Tú vas entre nosotros,
tu amor nos guiará.
Tú eres el camino,
Tú eres la esperanza,
hermano de los pobres.
Amén. Aleluya.

112. HÁGASE TU VOLUNTAD

Mariano Fuertes - Bernardo V

Hágase tu voluntad,
hágase tu voluntad;
cúmplase en mí tu palabra,
hágase tu voluntad.

1. Padre me pongo en tus manos,
a la sombra de tus alas.
Haz de mí lo que Tú quieras;
porque sé que Tú nos amas.

2. Cristo me enseña a llamarte
«Padre» con Él mismo te llamaba.
Y el Espíritu me dice
la verdad de tu palabra.

3. Él me la pone en los labios
y me brota desde el alma:
«Padre» fuente de la gracia,
«Padre» río de la gracia.

4. Padre de todos lo hombres,
de quien toda bondad mana;
Padre fuerte y poderoso,
tierna madre en tus entrañas.

113. HIMNO A DIOS (Éx 15,1-18)

J. M. Cubeles - Kairoi

Mi fuerza y mi poder es el Señor,
Él es mi salvación. (Bis)

1. Él es mi Dios, yo lo alabaré,
el Dios de mis padres,
yo lo ensalzaré. (Bis)
Y cantaré al Señor,
sublime es su victoria.

2. Cuando soplaste las aguas se pararon,
las corrientes se alzaron
como un dique. (Bis)
Las olas se cuajaron en el mar.

3. Extendiste tu diestra,
se los tragó la tierra.
Guiaste a tu pueblo
hasta tu santa morada. (Bis)
Lo introduces y lo plantas
en el monte del Señor.

114. HOLA, DIOS

«Brotes de Olivo»

Hola, Dios, estoy aquí.
Gracias te doy por darme la vida.
Hazla nueva todos los días.
Buenos días, mi Señor.

115. HORA DE LA TARDE

J. A. Espinosa

Hora de la tarde,
fin de las labores.
Amo de las viñas,
paga los trabajos de tus viñadores.

1. Al romper el día nos apalabraste.
Cuidamos tu viña del alba a la tarde.
Ahora que nos pagas, nos lo das de balde,
que a jornal de gloria no hay trabajo grande.

2. Das al vespertino lo que al mañanero.
Son tuyas las horas y tuyo el viñedo.
A lo que sembramos, dale crecimiento.
Eres Tú la viña, cuida los sarmientos.

116. HOSANNA
(SANTO)

Fdo. San Romualdo

Santo, Santo, Santo es el Señor.
Santo, Santo, Santo es el Señor.

Todo tiene tu huella Señor,
eres el Dios del amor. (Bis)
Santo, Santo, Santo es el Señor.
Santo, Santo, Santo es el Señor.

Hosanna, Hosanna,
Hosanna.

117. HOY EL SEÑOR RESUCITÓ

E. Negro - Adap.: M. Manzano

1. Hoy el Señor resucitó
   y de la muerte nos libró.

¡Alegría y paz, hermanos,
que el Señor resucitó!

2. Sobre la cruz Cristo venció
   y el sufrimiento iluminó...
3. La luz de Dios ya nos llegó,
   la nueva vida nos llenó...
4. Y levantad el rostro a Dios
   que de Él nos llega la salvación...
5. El pueblo allí la vida vio,
   la esclavitud ya terminó...
6. Y si la esperáis, encontraréis
   resurrección y libertad...
7. Id a vivir la vida en paz,
   vuestro gozo y vuestro amor...
8. Todos cantad: ¡Aleluya!
   Todos gritad: ¡Aleluya!...

118. HOY EN LA TIERRA

J. Madurga

Hoy en la tierra nace el Amor.
Hoy en la tierra nace Dios.

1. Alegría, paz y amor
   en la tierra a los hombres.
   Alegría, paz y amor,
   esta noche nace Dios.

2. Alegría, gozo y paz
en la tierra a los hombres.
Alegría, gozo y paz,
esta noche es Navidad.

3. Alegría, paz y bien
en la tierra a los hombres.
Alegría, paz y bien,
hoy Dios nace en Belén.

119. HOY ES FIESTA

Josico

Hoy es fiesta, fiesta grande.
Es la fiesta del Señor.
Los cristianos nos reunimos
en la mesa de Jesús.

1. Dios no quiere caras tristes,
Dios no quiere desunión.
Dios sí quiere más sonrisas,
Dios sí quiere más amor.

2. Todo aquél que viene a misa,
que es la Cena del Señor:
debe estar en paz con todos,
debe estar en paz con Dios.

3. A comer su Cuerpo y Sangre,
nos invita hoy Jesús;
sólo así seremos fuertes,
para ser siempre mejor.

120. HOY, SEÑOR, TE DAMOS GRACIAS

E. Negro - Adap.: C. Gabaráin

Hoy, Señor, te damos gracias
por la vida, la tierra y el sol;
—hoy, Señor, queremos cantar
las grandezas de tu amor. (Bis)

1. Gracias, Padre, mi vida es tu vida;
   tus manos amasan mi barro,
   mi alma es tu aliento divino,
   tu sonrisa en mis ojos está.

2. Gracias, Padre, tú guías mis pasos;
   Tú eres la luz y el camino,
   conduces a Ti mi destino
   como llevas los ríos al mar.

3. Gracias, Padre, me hiciste a tu imagen
   y quieres que siga tu ejemplo
   brindando mi amor al hermano,
   construyendo un mundo de paz.

121. HOY TE QUIERO CANTAR

C. Gabaráin

1. Hoy te quiero cantar,
   hoy te quiero rezar,
   Madre mía del cielo.
   Si en mi alma hay dolor,
   busco apoyo en tu amor
   y hallo en ti mi consuelo.

Hoy te quiero cantar,
hoy te quiero rezar,

mi plegaria es canción.
—Yo te quiero ofrecer
lo más bello y mejor
que hay en mi corazón. (Bis)

2. Porque tienes a Dios. (Bis)
   Madre todo lo puedes.
   Soy tu hijo también, (Bis)
   y por eso me quieres.
   Hoy te quiero cantar...

122. INSTRUMENTO DE TU PAZ

A. Alcalde

Haz de mí un instrumento de tu paz.

Haz de mí, Señor,
un instrumento de tu paz. (Bis)

1. Donde haya odio
que yo ponga el amor.
Donde haya ofensa
que yo ponga el perdón.

2. Donde haya duda
que yo ponga la fe.
Donde haya tinieblas
que yo ponga la luz.

3. Que no busque tanto
el ser consolado
como el consolar.
Que no busque tanto
el ser perdonado
como el perdonar.

J

123. JESÚS ES SEÑOR

Kairoi - A. Torrelles

Jesús es, Jesús es Señor.
Jesús es, Jesús es Señor.
Jesús es, Jesús es Señor.

Aleluya, aleluya.
Aleluya, aleluya.
Aleluya, aleluya.

Gloria a Dios,
gloria, gloria a Dios.
Gloria a Dios,
gloria, gloria a Dios.
Gloria a Dios,
gloria, gloria a Dios.

124. JESÚS ESTÁ EN TI

Pelayo Sánchez

Jesús está en ti, está en mí,
está en todos mis hermanos.
Está en ti, está en mí,
está en todos mis hermanos.

1. Quien hace crecer las flores,
   quien hace descender el agua,

quien hace nuevo tu corazón
cada mañana.

2. Quien hace aparecer el sol,
quien llena de estrellas el cielo,
quien en la noche más oscura
te da todo su consuelo.

125. JESÚS ESTÁ ENTRE NOSOTROS

Kairoi

Jesús está entre nosotros,
Él vive hoy
y su Espíritu a todos da.
Jesús, razón de nuestra vida,
es el Señor,
nos reúne en pueblo de amor.

1. Cambia nuestras vidas con tu fuerza.
Guárdanos por siempre en tu presencia.
Tú eres verdad,
Tú eres la paz.

Jesús está entre nosotros...

2. Rompe las cadenas que nos atan,
llénanos de gracia en tu palabra.
Gracias Señor. Gracias, Salvador.

Jesús está entre nosotros...

3. Nuestras existencias hoy te alaban,
nuestros corazones te dan gracias.
Tú eres amor, Tú eres canción.

Jesús está entre nosotros...

126. JESÚS RESUCITA HOY

José M. Cubeles - Kairoi

1. Mirad, Jesús resucita hoy.
   Mirad, la tumba está vacía.
   El Padre ha pensado en Él.
   De los hombres es Señor,
   de la vida, Salvador.
   Mirad, Jesús resucita hoy.
   Mirad, vive a nuestro lado.
   La muerte no tiene poder.
   Proclamad por la fe
   que está vivo y somos libres porque...

Él resucita hoy.
Él vive entre nosotros.
Es Cristo, el Señor,
aleluya, aleluya. (Bis)

2. Mirad, Jesús resucita hoy.
   Nos da la paz con su Palabra.
   El gozo vuelve al corazón.
   Con su Espíritu de amor
   nuestra vida cambiará.
   Mirad, Jesús resucita hoy.
   Su amor no nos dejará.
   Su fuerza nos empujará.
   Él será guía y luz,
   esperanza y fortaleza porque...

127. JUNTO A TI

E. Negro - J. L. Arce

1. Junto a Ti al caer de la tarde
   y cansados de nuestra labor,

te ofrecemos con todos los hombres
el trabajo, el descanso, el amor.

2. Con la noche las sombras nos cercan,
y regresa la alondra a su hogar;
nuestro hogar son tus manos, ¡oh Padre!
y tu amor nuestro nido será.

3. Cuando al fin nos recoja tu mano
para hacernos gozar de tu paz
reunidos en torno a tu mesa
nos darás la perfecta hermandad.

128. JUNTOS CANTANDO LA ALEGRÍA

C. Gabaráin

Juntos cantando la alegría
de vernos unidos en la fe y el amor,
juntos sintiendo en nuestras vidas
la alegre presencia del Señor.

1. Somos la Iglesia peregrina que Él fundó,
somos un pueblo que camina sin cesar.
Entre cansancios y esperanzas hacia Dios,
nuestro amigo Jesús nos llevará.

2. Hay una fe que nos alumbra con su luz,
una esperanza que empapó nuestro esperar.
Aunque la noche nos envuelva en su inquietud,
nuestro amigo Jesús nos guiará.

3. Es el Señor, nos acompaña al caminar,
con su ternura a nuestro lado siempre va.
Si los peligros nos acechan por doquier,
nuestro amigo Jesús nos salvará.

129. JUNTOS COMO HERMANOS

C. Gabaráin

Juntos como hermanos,
miembros de una Iglesia,
vamos caminando
al encuentro del Señor.

1. Un largo caminar,
por el desierto bajo el sol,
no podemos avanzar
sin la ayuda del Señor.

2. Unidos al rezar,
unidos en una canción,
viviremos nuestra fe
con la ayuda del Señor.

3. La Iglesia en marcha está;
a un mundo nuevo vamos ya,
donde reinará el amor,
donde reinará la paz.

130. LA ALEGRÍA EN EL PERDÓN

C. Gabaráin

1. La alegría más hermosa
   es la alegría en el perdón,
   que en el cielo hay mucha fiesta
   cuando vuelve un pecador.
   Si la oveja se ha perdido
   a buscarla va el pastor.
   Que en el cielo hay mucha fiesta
   cuando vuelve un pecador.

La alegría más hermosa,
la alegría en el perdón.
Que en el cielo hay mucha fiesta
cuando vuelve un pecador. (Bis)

2. Cuando el hijo se fue lejos
   triste el padre se quedó.
   Y qué inmensa su alegría
   cuando el hijo regresó.
   Cada día, cada instante
   por su ausencia se apenó.
   Y qué inmensa su alegría
   cuando el hijo regresó.

3. La mujer buscaba triste
   las monedas que perdió.
   Y saltaba de alegría

cuando al fin las encontró.
Qué afanosa rebuscaba.
Toda su casa barrió.
Y saltaba de alegría
cuando al fin las encontró.

131. LA FIESTA DEL SEÑOR

C. Erdozáin

Aleluya, aleluya,
es la fiesta del Señor.
Aleluya, aleluya,
el Señor resucitó. (Bis)

1. Ya no hay miedo, ya no hay muerte,
ya no hay penas que llorar;
porque Cristo sigue vivo,
la esperanza abierta está.

2. Cuando un hombre a tu lado
ya no sabe caminar,
no le dejes de la mano,
dale tu felicidad.

3. Cuando alguien te pregunte
dónde está la libertad,
que en tus obras él descubra
que Jesús es quien la da.

4. Si delante de los hombres
encendemos nuestra luz,
abriremos mil caminos
para la resurrección.

132. LA MISA ES UNA FIESTA

C. Gabaráin

La misa es una fiesta muy alegre,
la misa es una fiesta con Jesús.
La misa es una fiesta que nos une,
la misa es una fiesta con Jesús.

1. Cada domingo celebramos
que nuestro amigo nos salvó,
que por amarnos
dio su vida y resucitó.

2. Con su palabra nos enseña,
nos alimenta con su pan,
nos compromete a ser amigos
y a caminar.

133. LA PAZ ESTÉ CON NOSOTROS

Popular - Israel

La paz esté con nosotros,
la paz esté con nosotros,
la paz esté con nosotros,
que con nosotros, siempre,
siempre esté la paz.

Evenu shalom alejem,
evenu shalom alejem,
evenu shalom alejem,
evenu shalom, shalom,
shalom alejem.

134. LA SAL Y LA LUZ

Vicente Morales

1. El que me sigue en la vida
   sal de la tierra será,
   más si la sal se adultera,
   los hombres la pisarán.

Que sea mi vida la sal.
Que sea mi vida la luz.
Sal que sala, luz que brilla.
Sal y fuego es Jesús.

2. Sois como la luz del mundo,
   que a la ciudad alumbra,
   ésta se pone en la cima
   donde el monte se encumbra.

3. Que brille así vuestra luz
   ante los hombres del mundo,
   que palpen las buenas obras
   de lo externo a lo profundo.

135. LA VIRGEN SUEÑA CAMINOS

C. Erdozáin

1. La Virgen sueña caminos, está a la espera:
   la Virgen sabe que el Niño está muy cerca.
   De Nazaret a Belén hay una senda,
   por ella van los que creen en las promesas.

Los que soñáis y esperáis la Buena Nueva,
abrid las puertas al Niño que está muy cerca.
El Señor cerca está, Él viene con la Paz.
El Señor cerca está, Él trae la verdad.

2. En estos días del año, el pueblo espera
que venga pronto el Mesías a nuestra tierra.
En la ciudad de Belén, llama a las puertas,
pregunta en las posadas y no hay respuesta.

3. La tarde ya lo sospecha, está alerta.
El sol le dice a la luna, que no se duerma.
A la ciudad de Belén vendrá una estrella,
vendrá con todo el que quiera cruzar fronteras.

136. LAS BODAS DE CANÁ

Mariano Fuertes

1. Una boda se celebra
en la aldea de Caná
y María y su Hijo
invitados a ella van.
Y en mitad de aquella fiesta
pronto el vino les faltará,
y por medio de María,
un milagro Cristo hará.

Haced lo que Él os diga,
haced lo que Él os diga
y no faltará en vuestra mesa
el vino ni la comida.
Haced lo que Él os diga,
haced lo que Él os diga
y siempre tendréis de invitados
a Jesús y a Santa María.

2. Los sirvientes rellenaron
las tinajas del portal
y Jesús va y las bendice

y las manda ya probar.
En buen vino se transforma
aquel agua de Caná,
mucho extraña al maestresala
aquel vino singular.

3. Desde el día de la boda
Cristo empieza su misión,
a su lado va María
en silencio y oración.
Meditaba sus palabras
en su mente y su corazón
y las hace vida suya
pues palabra son de Dios.

137. LAS PUERTAS DE LA NUEVA CIUDAD

C. Erdozáin

Las puertas de la nueva ciudad
se abren para ti, (Bis)
y Dios, tu amigo, te salvará,
te salvará. (Bis)

1. Verás el nuevo día, el nuevo Sol;
verás la nueva vida: resurrección;
la gran noticia: Dios es amor,
Dios es amor.

2. Venimos en familia junto al altar;
el pan que resucita Dios nos lo da;
el pan de vida nos mantendrá
en su amistad.

138. LAUDA JERUSALEM

Lauda Jerusalem Dominum;
lauda Deum tuum Sion;
hosanna, hosanna,
hosanna filio David.

1. Laudate Dominum omnes gentes,
laudate eum omnes populi.

2. Quoniam confirmata est super nos
misericordia eius,
et veritas Domini manet in aeternum.

3. Gloria Patri...

139. LEVANTARÉ LA TIENDA

Jesús López

Levantaré, levantaré,
la tienda caída de David. (Bis)

1. Ensancha el espacio de tu tienda,
afirma las clavijas y las sogas,
no te detengas,
extiende las cortinas y las lonas.

2. El pueblo de Israel anda diciendo
que todavía no llegó la hora,
es el momento,
comiencen los derribos y las obras.

3. Recuerda quizá alguno entre vosotros
la gloria de mi casa en sus comienzos,
y es como nada
lo que hoy contempla en ella el que está lejos.

4. Por causa de Sión no he de callar
y por Jerusalén no he de estar quedo,
hasta que brille
su luz como una antorcha entre los pueblos.

140. LEVANTO MIS OJOS A LOS MONTES

M. Manzano

1. Levanto mis ojos a los montes
¿de dónde me vendrá el auxilio?
El auxilio me viene del Señor,
que hizo el cielo y la tierra.

El auxilio me viene del Señor,
que hizo el cielo y la tierra.
El auxilio me viene del Señor,
que hizo el cielo y la tierra.

2. No permitirá que resbale tu pie,
tu guardián no duerme;
no duerme ni reposa
el guardián de Israel.

3. El Señor te guarda a su sombra,
el Señor está a tu derecha;
de día el sol no te hará daño
ni la luna de noche.

4. El Señor te guarde de todo mal,
el Señor guarda tu alma;
Él guarda tus entradas y salidas
ahora y por siempre.

141. LLÉVALE ESTE TRIGO, TRIGO
(TENGO UN MOLINO QUE MUEVEN)

Popular - X. del Río - R. Saiamarella

1. Tengo un molino que mueve
los vientos de la ilusión,
y sus aspas siempre giran
impulsadas por su amor.
Mi trigo es como un tesoro:
lo que vale, yo lo sé;
tan dorado como el oro,
crece al soplo de mi fe.

**Llévale este trigo, trigo,
a los niños que no tienen pan,
a los niños que mueren de hambre
sin saber lo que es Navidad.
Llévale este trigo, trigo,
a los niños que no tienen pan;
y en sus manos, que tiemblan de frío,
las espigas de amor brotarán.**

2. Con las ruedas y las piedras,
ven conmigo a trabajar.
En el campo, junto al río,
serás el rey del trigal.
Mi molino es muy pequeño
y con él yo soy feliz;
que multipliques sus granos,
a ti te quiero pedir.

142. MADRE DE DIOS

Mariano Fuertes

1. Has viajado, Santa María,
y las gentes llenan Belén
y no encuentras ni una posada
para el niño que va a nacer,
y no encuentras ni una posada
para el niño que va a nacer.

Gloria al Señor,
gloria en el cielo.
Gloria al Señor,
paz en la tierra.

2. Caminaba el pueblo en las sombras
y gran luz en ellas brilló,
la alegría inunda a los pobres
y de gozo a reyes llenó,
la alegría inunda a los pobres
y de gozo a reyes llenó.

3. Porque un niño nos ha nacido,
porque un hijo se nos donó,
maravilla de consejero,
Dios perpetuo de paz y amor,
maravilla de consejero,
Dios perpetuo de paz y amor.

143. MADRE DE LOS POBRES

C. Gabaráin

Madre de los pobres,
los humildes y sencillos,
de los tristes y los niños
que confían siempre en Dios.

1. Tú, la más pobre,
porque nada ambicionaste.
Tú, perseguida,
vas huyendo de Belén.
Tú, que un pesebre
ofreciste al Rey del cielo.
Toda tu riqueza
fue tenerle sólo a Él.

2. Tú, que en sus manos
sin temor te abandonaste.
Tú, que aceptaste
ser la esclava del Señor,
vas entonando
un poema de alegría:
canta, alma mía,
porque Dios te engrandeció.

3. Tú, que has vivido
el dolor y la pobreza.
Tú, que has sufrido
en la noche sin hogar.
Tú, que eres Madre
de los pobres y olvidados,
eres el consuelo
del que reza en su llorar.

144. MADRE DE TODOS LOS HOMBRES
(SANTA MARÍA DEL AMÉN)

J. A. Espinosa

Madre de todos los hombres,
enséñanos a decir: amén.

1. Cuando la noche se acerca
y se oscurece la fe.

2. Cuando el dolor nos oprime
y la ilusión ya no brilla.

3. Cuando aparece la luz
y nos sentimos felices.

4. Cuando nos llegue la muerte
y tú nos lleves al cielo.

145. MADRE EMIGRANTE

Mariano Fuertes

1. Mientras te alejas miras atrás,
dejas tu pueblo y tu ciudad,
triste caminas llevando a Jesús
hacia el destierro oscuro, sin luz.
Madre emigrante vas con José,
no sabes dónde ni sabes por qué,
es la esperanza que tienes en Dios
quien te da fuerzas e infunde valor.

Santa María, Madre de Dios.
Auxiliadora, madre del amor,
mira a tus hijos, que triste van
por este mundo buscando la paz,
por este mundo buscando la paz.

2. Santa María, Madre de amor,
vas perseguida, sufres dolor,
tus pensamientos se funden en Dios
en lo profundo de tu corazón.
Rezas y andas bajo ese sol,
tú ya no sientes ni su calor,
vas tan cansada, con hambre y con sed
que sólo impulsa tus pasos la fe.

3. Vuelve tus ojos, mira hacia atrás,
Santa María, sola no vas,
miles de gentes hoy van tras de ti,
quieren ser hombres y quieren vivir.
Tiende tu mano y la de Jesús,
dales la fuerza y dales la luz,
dales hogares y dales el pan,
dales hermanos que sepan amar.

146. MADRE NUESTRA

Antonio Alcalde

Virgen Madre nuestra,
peregrina fiel.
Muéstranos a Cristo,
llévanos a Él. (Bis)

1. Salve celeste escalera,
por la que Dios ha bajado,
por la que el hombre ha alcanzado
subir de Dios a la vera.
Salve, morada primera
que sólo Dios ha estrenado.

2. Virgen y Madre gloriosa,
fértil jardín sin arada,

del santo Espíritu esposa,
redimida inmaculada.
Salve, la flor más hermosa,
nos diste el fruto inviolada.

3. Salve, ramaje frondoso
que a todo el mundo cobija,
salve, frutal delicioso,
esposa, Madre e hija.
Todo tu pueblo gozoso
en ti la esperanza fija.

147. MARÍA, MÚSICA DE DIOS

J. L. Fernández

1. Me quedé sin voz
con que cantar,
y mi alma vacía
dormía en sequedad.
Y pensé para mí:
«Me pondré en sus manos,
manos de Madre,
me dejaré en su amor».

Y tú, María, hazme música de Dios.
Y tú, María,
anima tú las cuerdas de mi alma,
aleluya, amén. (Bis)
Aleluya, amén.

2. María, acompaña
tú mi caminar.
Yo solo no puedo,
ayúdame a andar.
Y pensé para mí:

«Me pondré en sus manos,
manos de Madre,
me dejaré en su amor».

148. MARÍA Y SIMEÓN

Mariano Fuertes

Y ahora, Señor,
me puedes dejar
partir, partir en tu paz;
porque mis ojos
pobres, cansados,
han contemplado
al Salvador.
Luz de las gentes,
gloria del pueblo,
gloria del pueblo,
paz de Israel.
Luz de las gentes...

**Una espada, María,
herirá tu corazón,
mostrará tus sufrimientos,
mostrará tu gran amor.
Una espada María,
una espada de dolor,
te unirá a nuestras penas
y a las penas del Señor.**

Y ahora, Señor,
me puedes dejar
partir, partir en tu paz,
partir, partir en tu paz.

149. ME ESTÁS LLAMANDO
(QUIZÁ AL NACER...)

E. Gallego - Kairoi

1. Quizá al nacer un nuevo sol,
o fue al atardecer,
me hiciste oír tu voz,
me hablaste al corazón.
Señor, yo soy feliz,
si Tú conmigo estás.

Y ahora, Señor,
—quizá me estás llamando tú,
no sé qué responder;
«yo siento dentro el don
de tu gran amor.» (Bis)

2. Quizá Tú me pides demasiado,
no puedo darte más.
Firme a cada paso
te doy lo que soy.
Contigo a mi lado
jamás solo estaré.

3. Quizá a lo largo del camino
no es fácil decir sí.
Contigo de la mano,
junto a mis hermanos
te seguiré, Señor,
seguro siempre en ti.

150. ME HAS SEDUCIDO, SEÑOR

Jordi Vivancos - Kairoi

1. Señor, no soy nada
¿por qué me has llamado?
Has pasado por mi puerta y bien sabes
que soy pobre y soy débil.
¿Por qué te has fijado en mí?

Me has seducido, Señor, con tu mirada,
me has hablado al corazón y me has querido.
Es imposible conocerte y no amarte.
Es imposible amarte y no seguirte.
¡Me has seducido Señor!

2. Señor, yo te sigo,
y quiero darte lo que pides,
aunque hay veces que me cuesta darlo todo.
Tú lo sabes, yo soy tuyo.
Camina, Señor, junto a mí.

3. Señor, hoy tu nombre,
es más que una palabra:
es tu voz que hoy resuena en mi interior,
y me habla en el silencio.
¿Qué quieres que haga por ti?

151. MI ALMA GLORIFICA
(MAGNÍFICAT - CANTO DE MARÍA)

Mejía

Mi alma glorifica al Señor mi Dios;
gózase mi espíritu en mi Salvador.
Él es mi alegría, es mi plenitud,
Él es todo para mí.

1. Ha mirado la bajeza de su sierva;
muy dichosa me dirán todos los pueblos,
porque en mí ha hecho grandes maravillas
el que todo puede, cuyo nombre es: Santo.

2. Su clemencia se derrama por los siglos
sobre aquellos que le temen y le aman;
desplegó el gran poder de su derecha,
dispersó a los que piensan que son algo.

3. Derribó a los potentados de sus tronos
y ensalzó a los humildes y a los pobres.
Los hambrientos se saciaron de sus bienes
y alejó de sí vacíos a los ricos.

4. Acogió a Israel, su humilde siervo,
acordándose de su misericordia,
como había prometido a nuestros padres,
a Abrahán y descendencia para siempre.

152. MIENTRAS RECORRES LA VIDA
(SANTA MARÍA DEL CAMINO)

J. A. Espinosa

1. Mientras recorres la vida,
tú nunca solo estás,
contigo por el camino
Santa María va.

Ven con nosotros al caminar,
Santa María, ven. (Bis)

2. Aunque te digan algunos
que nada puede cambiar,

lucha por un mundo nuevo,
lucha por la verdad.

3. Si por el mundo los hombres
sin conocerse van,
no niegues nunca tu mano
al que contigo está.

4. Aunque parezcan tus pasos
inútil caminar,
tú vas haciendo caminos,
otros los seguirán.

153. MIRAD A VUESTRO DIOS

A. Alcalde

Mirad a vuestro Dios
que viene en persona.
Traerá la paz,
traerá la bendición.
Traerá para todo el pueblo
la salvación.

1. Fortaleced las manos débiles,
robusteced las rodillas vacilantes.
Decid a los cobardes de corazón:
no temáis, sed fuertes.

2. No juzgará por apariencias;
defenderá al que está desamparado.
Será la justicia ceñidor
de sus lomos. Será fiel.

3. Recobrará la vista el ciego
y romperá a cantar el silenciado.
Los pies del impedido saltarán
como el ciervo. Dios es fiel.

154. MISA DE ANGELIS

KIRIE

Kyrie, eleison, (Bis)
Christe, eleison, (Bis)
Kyrie eleison. (Bis)

GLORIA IN EXCELSIS DEO

Gloria in excelsis Deo,
et in terra pax homínibus
bonae voluntátis.
Laudámus te. Benedícimus te.
Adorámus te. Glorificamus te.
Grátias ágimos tibi
propter magnam glóriam tuam.
Dómine Deus Rex celestis,
Deus Pater omnípotens.
Dómine Fili unigénite Jesu Christe.
Dómine Deus, Agnus Dei, Filius Patris.
Qui tollis peccáta mundi,
miserere nobis.
Qui tollis peccáta mundi,
súscipe deprecatiónem nostram.
Qui sedes ad dexteram Patris,
miserere nobis.
Quóniam tu solus sanctus.
Tu solus Dóminus.
Tu solus altíssimus, Jesu Christe.
Cum Sancto Spíritu,
in gloria Dei Patris. Amen.

SANCTUS

Sanctus, Sanctus, Sanctus
Dóminus Deus Sábaoth.
Pleni sant coeli et terra glória tua.
Hosánna in excélsis.
Benedíctus qui venit in nómine Dómini.
Hosanna in excélsis.

AGNUS DEI

Agnus Dei,
qui tollis peccáta mundi:
Miserére nobis.
Agnus Dei,
qui tollis peccáta mundi:
Miserére nobis.
Agnus Dei,
qui tollis peccáta mundi:
Dona nobis pacem.

N

155. NADA TE TURBE

Sta. Teresa - Jacques Berthier

Nada te turbe,
nada te espante,
quien a Dios tiene
nada le falta.

Nada te turbe,
nada te espante,
sólo Dios basta.

156. NAVIDAD SIN PANDERETA
(A BELÉN SE VA Y SE VIENE)

M. Manzano

**A Belén se va y se viene
por caminos de alegría,
y Dios nace en cada hombre
que se entrega a los demás.
A Belén se va y se viene
por caminos de justicia,
y en Belén nacen los hombres
cuando aprenden a esperar.**

1. Lo esperaban como rico
y habitó entre la pobreza.
Lo esperaban poderoso
y un pesebre fue su hogar.

Lo esperaban un guerrero
y fue paz toda su guerra.
Lo esperaban rey de reyes
y servir fue su reinar.

2. Lo esperaban sometido
y quebró toda soberbia,
denunció las opresiones,
predicó la libertad.
Lo esperaban silencioso,
su palabra fue la puerta
por donde entran los que gritan
con su vida la verdad.

3. Navidad es un camino
que no tiene pandereta,
porque Dios resuena dentro
de quién va en fraternidad.
Navidad es el milagro
de pararse en cada puerta
y saber si nuestro hermano
necesita nuestro pan.

157. NAVIDADES BLANCAS

Irving Berlin - G. Dasca

1. ¡Oh blanca Navidad!, sueño,
y con la nieve en derredor.
Blanca es nuestra espera
y es mensajera de paz
y de puro amor.

2. ¡Oh blanca Navidad!, nieve,
un blanco sueño y un cantar.
Recordar tu infancia podrás
al llegar la blanca Navidad.

158. NIÑOS DEL MUNDO, VENID AL PORTAL

A. Alcalde

1. El Dios pequeñito en pobre portal.
   El Dios encarnado nos trae la paz.

Oh, niños del mundo, venid a adorar.
De todos los pueblos y razas, cantad.

2. Un niño ha nacido: es el Redentor.
   Haciéndose hombre, al hombre salvó.

3. Un rayo de luz ilumina el portal.
   Venid los humildes y al Siervo adorad.

4. María y José comtemplándole están.
   Oh, niños del mundo venid al portal.

5. Alégrese el cielo y la tierra también,
   los pobres y humildes, los hombres de bien.

159. NO ADORÉIS

Luis Alfredo

1. No adoréis a nadie,
   a nadie más que a Él. (Bis)
   No adoréis a nadie,
   a nadie más. (Bis)
   No adoréis a nadie,
   a nadie más que a Él.

2. No pongáis los ojos,
   en nadie más que en Él. (Bis)
   No pongáis los ojos
   en nadie más. (Bis)
   No pongáis los ojos
   en nadie más que en Él.

3. Porque sólo Él
os puede sostener. (Bis)
No pongáis los ojos
en nadie más. (Bis)
No pongáis los ojos
en nadie más que en Él.

160. NO APAGUÉIS VUESTRO AMOR

C. Gabaráin

1. No se oculta una vela bajo la mesa.
No se enciende una llama para esconderla.
No ocultéis vuestra luz, no la escondáis.

No apaguéis vuestro amor, no lo hagáis,
no apaguéis vuestro amor, no lo hagáis.

2. Si la sal ya no sirve hay que tirarla.
La comida está sosa, ¿cómo salarla?
Ofrecedle el sabor de vuestra sal.
NO APAGUÉIS...

3. El fermento da vida si está en la masa,
pero estéril se pudre si la rechaza.
En el mundo vivís y fermentáis.
NO APAGUÉIS...

4. Levadura del mundo, llama que alumbre,
la ciudad levantada sobre la cumbre.
Y que alaben a Dios por vuestra bondad.
NO APAGUÉIS...

161. NO DURMÁIS

A. Alcalde

¡No durmáis, no durmáis!
El Señor va a venir.
¡Despertad, vigilad!
El Señor cerca está.

162. NO ME DEJES

Alejandro Fernández

1. Siento que la noche se queda prendida
de los alfileres de mi soledad
y nunca amanece, aunque llegue el día,
cuando yo me alejo, cuando tú te vas.
Ahora que la playa se vuelve rocosa
y de sus arenas se aleja la mar,
déjame decirte que me siento roto
vasija que nunca se puede llenar.

No me dejes, Señor, no me dejes,
en la senda de mi soledad,
que a tu lado me crecen las alas
y puedo volar.
No me dejes, Señor, no me dejes,
cuando quiero mirar hacia atrás,
que a tu lado he sentido la brisa
de la libertad;
te dije que sí y deseo bañarme en tu mar.

2. Quise ser palabra y fui sólo susurro;
quise ser paloma y no pude volar;
quise ser estrella y sólo fui nube;
quise ser poema y no supe rimar.
Cambio atardeceres por vidas gastadas

y sueños de niño por trozos de mar,
lágrimas de madre por campos de trigo,
peces de colores por firmas de paz.

163. NO SÉ CÓMO ALABARTE
(GLORIA A DIOS)

Kairoi - J. M. Cubeles

1. No sé como alabarte,
ni qué decir Señor.
Confío en tu mirada
que me abre el corazón.
Toma mi pobre vida
que es sencilla ante Ti
quiere ser alabanza
por lo que haces en mí.

Gloria, gloria a Dios.
Gloria, gloria a Dios.
Gloria, gloria a Dios.
Gloria, gloria a Dios.

2. Siento en mí tu presencia,
soy como tú me ves,
bajas a mi miseria,
me llenas de tu paz.
Indigno de tus dones,
mas, por tu gran amor
tu espíritu me llena,
¡gracias te doy, Señor!

Gloria, gloria a Dios...

164. **NOCHE DE PAZ** (24-XII-1818)

Josef Mohr (1792-1848) - Franz Gruber (1787-1863)

Noche de Dios,
noche de paz,
claro sol brilla ya,
y los ángeles cantando están:
Gloria a Dios,
gloria al Rey eternal.
—Duerme el Niño Jesús. (Bis)

Noche de Dios,
noche de paz,
nueva luz celestial.
Floreció la feliz Navidad:
es palabra y mensaje de paz.
—Duerme el Niño Jesús. (Bis)

Noche de Dios,
noche de paz,
esplendor inmortal.
Luz eterna en la noche brilló:
es la gloria
del Hijo de Dios.
—Duerme el Niño Jesús. (Bis)

Noche de Dios,
noche de paz,
viene Dios a salvar.
Nochebuena en que alumbra el Amor
el ministerio escondido de Dios.
—Duerme el Niño Jesús. (Bis)

165. NOS HAS LLAMADO AL DESIERTO

B. Velado - A. Alcalde

Nos has llamado al desierto,
Señor de la libertad,
ya está el corazón abierto
a la luz de tu verdad.
Subimos con la esperanza
la escalada cuaresmal,
el pueblo de Dios avanza
hasta la cumbre pascual.

1. Tu pueblo, Señor, camina
desde la aurora al ocaso:
a tu Pascua se encamina
y te sigue paso a paso.

2. Señor, te reconocemos
y tu Palabra escuchamos,
tus caminos seguiremos
y tu ley de amor cantamos.

3. Se acerca, Señor, tu día,
en el que todo florece:
con su luz y su alegría
ya el camino resplandece.

166. NOS LLAMAS AMIGOS

B. Velado - M. Fuertes

Honor y alabanza,
gloria y bendición,
—a este sacramento
misterio del amor. (Bis)

1. Nos llamas amigos,
Maestro y Señor,
nos has dado pruebas,
de tu inmenso amor.
En hondo silencio
se escucha tu voz:
son las confidencias
de tu corazón.

2. Unidos contigo
en gozo y dolor,
la vida ofrecemos:
tu misma oblación.
Tu Espíritu es vida,
es fuerza y es don,
nos llevas al Padre
que a ti te envió.

167. NUESTRA BUENA MADRE

Jordi Espasa - Kairoi

1. Sí, yo quiero decir
desde el corazón una palabra
—que devuelva la paz
y que traiga serenidad. (Bis)

Eres tú nuestra buena madre,
gracias, madre. (Bis)

2. Sí, yo quiero que hoy
nazca una mirada hacia Jesús.
Y que seas, María, la luz y la
vida en la oscuridad,
y que me alientes, María, en cada
momento de mi caminar.

3. Sí, yo quiero que aquí nazca
una flor que hable de amor del Señor.
Y que seas, María, quien lo ha
dado todo para germinar. (Bis)

168. NUEVA CREACIÓN

C. Gabaráin

Camina, pueblo de Dios.
Camina, pueblo de Dios.
Nueva ley, nueva alianza
en la nueva creación.
Camina, pueblo de Dios.
Camina, pueblo de Dios.

1. Mira allá, en el Calvario.
En la roca hay una cruz.
Muerte que engendra la Vida,
nuevos hombres, nueva luz.
Cristo nos ha salvado
con su muerte y resurrección.
Todas las cosas renacen
en la nueva creación.

2. Cristo toma en su cuerpo
el pecado, la esclavitud.
Al destruirlos, nos trae
una nueva plenitud.
Pone en paz a los hombres,
a las cosas y al Creador.
Todo renace a la Vida
en la nueva creación.

3. Cielo y tierra se abrazan,
nuestra alma halla el perdón.

Vuelven a abrirse los cielos
para el hombre pecador.
Israel peregrino,
vive y canta tu Redención.
Hay nuevos mundos abiertos
en la nueva creación.

169. NUEVO ADVIENTO

B. Velado - A. Alcalde

**Señor, te esperamos
en el nuevo Adviento:
vienes a salvarnos,
vamos a tu encuentro.**

1. Se oye desde lejos
la voz de Isaías
que anuncia al Mesías;
le llama Enmanuel.
Juan lo señala:
«Cordero inmolado
que quita el pecado».
Vayamos con Él.

2. Con la Virgen Madre
la Iglesia está unida:
en vela encendida
de fe y de oración.
La Virgen María
del Sol es la Aurora;
ya llega la hora
de la salvación.

3. Ven a nuestro mundo,
Señor, que te espera.

Comience una era
de luz y verdad.
Rásguense los cielos,
y baja a salvarnos,
pues vienes a darnos
tu amor y tu paz.

170. NUEVOS SEGADORES

Alejandro Fernández

1. Está la mies crecida,
dispuesta para el pan;
está la mies tumbada
del viento y de esperar.
Los viejos segadores
no pueden ya segar,
que se hace ya de noche,
que se hace ya de noche
en su mirar.

Nuevos segadores quiere la tierra,
quiere la vida, quiere el trigal.
Nuevos remadores quieren las barcas,
quieren las redes, quiere la mar.

2. Están las viejas barcas
meciéndose en el mar,
la redes reparadas
y el alba al clarear.
Los viejos pescadores
no pueden ya pescar,
que se hace ya de noche,
que se hace ya de noche
en su mirar.

3. Está al caer la tarde;
si quieres quédate,
es tiempo de encontrarse,
de amar y de comer.
Tenemos unos panes
y vino, siéntate,
y cuéntanos tu vida,
y cuéntanos tu vida
y tu quehacer.

171. NUNCA SUENAN LAS CAMPANAS

Popular alemán

1. Nunca suenan las campanas
con tan dulce claridad
como cantando las glorias
de la eterna Navidad.

Es porque canta la noche feliz.
Es porque canta la noche sin par.
En que Dios Niño ha nacido
y en el mundo ha de reinar.

2. Es la voz de las campanas
eco de angélico son.
Es seráfico destello
de gloria y de redención.

3. En todas partes se oye
su dulce y claro sonar:
en las cumbres y en los valles
y en la inmensidad del mar.

172. OH, DIOS, TÚ MERECES UN HIMNO

F. Palazón

¡Oh, Dios!, Tú mereces un himno en Sión.
¡Oh, Dios!, Tú mereces un himno en Sión.

1. Tú, que afianzas los montes
con tu fuerza, ceñido de poder;
Tú, que reprimes el estruendo del mar,
el estruendo de las olas
y el tumulto de los pueblos.

2. Tú cuidas de la Tierra, la riegas
y la enriqueces sin medida;
la acequia de Dios va llena de agua,
preparas los trigales.

3. Rezuman los pastos del páramo,
y las colinas se orlan de alegría;
las praderas se cubren de rebaños,
y los valles se visten de mieses
que aclaman y cantan.

173. ¡OH LUZ DE DIOS!

Popular alemán

¡Oh luz de Dios estrella azul,
que brillas en la altura! (Bis)
Brille tu luz en el portal

donde el Amor hoy se nos da.
¡Oh luz de Dios estrella azul,
que brillas en la altura!
¡Oh Dios de paz, radiante sol
que brillas en la noche!
Brille tu luz en el portal...

174. OH, SEÑOR, ENVÍA TU ESPÍRITU

L. Deiss - P. de la Figuera

Oh, Señor, envía tu espíritu,
que renueve la faz de la tierra.

1. Oh, Señor, que mi alma te bendiga
oh, Dios, Tú eres grande;
vestido de esplendor y belleza.

2. Sobre el agua construyes tus moradas,
oh, Dios, en las alturas;
y en alas del viento Tú caminas.

3. Es el viento quien lleva tus mensajes,
oh, Dios, por los espacios;
y tienes un esclavo en el fuego.

4. Con los frutos que vienen de la tierra,
oh, Dios, nos alimentas;
Tú haces germinar el pan nuestro.

5. De tu Amor, esperando están los hombres,
oh, Dios, el alimento;
Tú abres la mano y los sacias.

6. Les envías el Soplo de tu boca,
oh, Dios, y son creados;
renuevas la faz de la tierra.

175. OH SEÑOR, YO NO SOY DIGNO

J. M. Beobide

Oh Señor yo no soy digno
de que entres en mi morada,
más di una sola palabra
y mi alma quedará sana. (3 veces)

176. ORACIÓN DEL POBRE

Kairoi

1. Vengo ante ti, mi Señor,
   reconociendo mi culpa,
   con la fe puesta en tu amor,
   que tú me das como a un hijo.
   Te abro mi corazón
   y te ofrezco mi miseria,
   despojado de mis cosas,
   quiero llenarme de ti.

Que tu espíritu, Señor,
abrase todo mi ser.
Hazme dócil a tu voz.
Transforma mi vida entera.
Hazme dócil a tu voz.
Transforma mi vida entera.

2. Puesto en tus manos, Señor,
   siento que soy pobre y débil;
   mas Tú me quieres así,
   yo te bendigo y te alabo.
   Padre, en mi debilidad,
   Tú me das la fortaleza.
   Amas al hombre sencillo,
   le das tu paz y perdón.

177. OS DOY UN MANDATO NUEVO

F. Palazón

Os doy un mandato nuevo,
que os améis mutuamente
como yo os he amado,
dice el Señor.

1. La señal por la que el mundo
distinguirá a los cristianos
—ha de ser si nos amamos
como Cristo nos amó. (Bis)

2. Si el Señor vuestro maestro
os ha lavado los pies,
—sus discípulos seréis,
siguiendo su mismo ejemplo. (Bis)

178. PADRE, NO NOS DEJES CAER

M. Fuertes - B. Velado

No nos dejes caer,
no nos dejes caer,
y líbranos del mal,
y líbranos del mal,
y líbranos del mal, Padre.

1. Padre, la tentación nos zarandea,
y al abismo nos quiere despeñar.
Padre, cegó el orgullo nuestros ojos
y la humildad empieza a zozobrar.

2. Padre, la sed de oro nos devora
y el corazón convierte en pedernal.
Padre, la carne quiere esclavizarnos;
su seducción es dulce y es falaz.

3. Padre, la ira enciende nuestros pasos
y los odios ahogan nuestra paz.
Padre: pensamos tanto en nuestro cuerpo
y es tentación vivir sólo de pan.

4. Padre, el tufo negro de la envidia
nos enturbia la fe y la caridad.
Padre, logró el cansancio y la pereza
palidecer la luz del ideal.

5. Padre la idolatría nos rodea
ante su altar nos quiere arrodillar.
Padre, libera nuestros pies del cepo;
la tentación no deja de asediar.

179. PADRE NUESTRO

Padre nuestro, que estás en el cielo,
santificado sea tu Nombre;
venga a nosotros tu reino,
hágase tu voluntad
en la tierra como en el cielo.
Danos hoy nuestro pan de cada día,
perdona nuestras ofensas
como también nosotros perdonamos
a los que nos ofenden;
no nos dejes caer en la tentación
y líbranos del mal. Amén.

180. PATER NOSTER

Pater noster, qui es in caelis:
sanctificétur nomen tuum;
advéniat regnum tuum;
fiat volúntas tua,
sicut in caelo, et in terra.
Panem nostrum cotidiánum
da nobis hódie;
et dimítte nobis débita nostra,
sicut et nos dimíttimus
debitóribus nostris;
et ne nos indúcas in tentatiónem;
sed líbera nos a malo.

181. PADRE NUESTRO

(Greco-Católico. Ucrania)
Adap.: M. Fuertes. (Texto oficial)

182. PADRE NUESTRO

V. Morales - «Brotes de Olivo»

Padre nuestro
que estás en los cielos,
santificado sea tu nombre,
venga a nosotros tu reino,
hágase tu voluntad
así en la tierra como en el cielo.
El pan nuestro de cada día
dánosle hoy,
perdónanos nuestras deudas
así como nosotros
perdonamos al deudor,
no nos dejes caer en la tentación,
mas líbranos del mal,
mas líbranos del mal. Amén.

183. PADRE NUESTRO

Kairoi

Padre que estás en los cielos
santificado sea tu nombre,
venga a nosotros tu reino.
Hágase tu voluntad
así en la tierra
como en el cielo,
así en la tierra
como en el cielo.

el pan danos hoy
nuestro pan de cada día.
Perdona nuestras deudas
así como nosotros perdonamos.
Y no nos dejes caer
en tentación.
Mas líbranos del mal. Amén

184. PADRE NUESTRO, PADRE DE TODOS
(VENGA A NOSOTROS TU REINO)

A. Alcalde - B. Velado

Padre nuestro, padre de todos.
¡venga a nosotros, venga tu reino!
Padre nuestro, padre de todos.

1. Reino que no es de este mundo;
es el reino de los cielos,
vive dentro de nosotros
si sabemos acogerlo.

2. Es visible y misterioso;
está muy cerca y muy lejos,
porque comienza en la tierra
y se consuma en el cielo.

3. Es el tesoro escondido,
la perla fina sin precio;
gana quien todo lo vende,
Jesucristo es el reino.

4. Es un reino sin fronteras,
sin murallas ni armamentos;
de libertad y de gracia,
de amor y justicia lleno.

185. PALABRA DE DIOS

E. Salado

1. Oigo, Señor, tu palabra de amor
como espada me hiere
y me empuja a vivir.
No la puedo callar,
no la puedo ahogar dentro de mí.
No la puedo ahogar dentro de mí.

2. Oigo, Señor, que me hablan de Ti.
son palabras de hermanos,
son también voz de Dios.
Yo las quiero leer
porque todas son signos de Ti.

3. Oye, Señor, nuestra pobre oración.
Son palabras de vida
las que alzamos a Ti.
Levadura serán
para transformar el mundo en Ti.

186. PANGE LINGUA

1. Pange lingua gloriosi
corporis mysterium.
Sanguinisque pretiosi
quem in mundi pretium.
Fructus ventris generosi
rex effundit gentium.

2. Nobis datus, nobis natus
ex intacta Virgine.
Et in mundo conversatus
sparso verbi semine,

sui moras incolatus
miro clausit ordine.

3. In supramae nocte coenae,
recumbens cum fratribus
observata lege plene,
cibis in legalibus
cibun turbe duodenae
se dat suis manibus.

4. Verbum caro panem verum
verbo carnem éfficit
fitque sanguis Christi merum,
et, si sensus déficit,
ad firmándum cor sincérum
sola fides súfficit.

5. Tamtum ergo sacraméntum
venerémur cérnui,
et antíquum documéntum
novo cedat rítui;
praestet fides suppleméntum
sénsuum deféctui.

6. Genitori Genitóque
laus et iubilátio,
salus, honor, virtus quoque
sit et benedíctio;
procedénti ab utróque
compar sit laudátio. Amen.

187. PASTORES DE LA MONTAÑA

Coral francesa - s. XVIII. Arm.: Beobide

1. Pastores de la montaña
   oíd el célico fervor
   que en los aires acompaña
   de la brisa el murmurar.

Gloria in excelsis Deo. (Bis)

2. Ángeles en la campaña
   cantan el himno celestial
   y los ecos de la montaña
   nos dicen el canto triunfal.

188. PAZ

Faustino Díez

Paz, os doy la paz,
os doy la luz,
os doy la libertad. (4 veces)

189. PAZ EN LA TIERRA

Kairoi (J. M. Cubeles - J. Palau)

Paz en la tierra,
paz en las alturas,
que el gozo eterno reine
en nuestro corazón. (Bis)

1. Da la paz, hermano,
   da la paz.
   Constrúyela en tu corazón
   y con tu gesto afirmarás
   que quieres la paz.
   Que tu paz, hermano,

sea don,
es el mejor signo de amor
que tú nos puedes ofrecer:
abrazo de paz.

190. PAZ, SEÑOR

Carlos Laporta - Barcelona

1. Paz, Señor, en el cielo y la tierra.
Paz, Señor, en las olas del mar.
Paz, Señor, por las flores que mueren
sin saberlo la brisa al pasar.

2. Tú, que has hecho las cosas tan bellas,
les has dado una vida fugaz;
pon, Señor, tu mirada en nosotros,
y devuelve a los hombres la paz.

3. Hoy, Señor, he visto en el cielo
suspendidas de un rayo de luz
dos palomas que alzaban el vuelo
con las alas en forma de cruz.

4. Haz, Señor, que vuelvan a la tierra
las palomas que huyeron, Señor,
y la llama que enciende la guerra
se consuma en la paz y el amor.

5. Paz, paz, paz y amor.
Paz, paz, paz, Señor.

191. PAZ Y BIEN

A. Alcalde

Paz y bien, hermano mío.
Paz y bien en el Señor.

Paz y bien, amigos míos.
—Os deseo todo bien. (Bis)

1. Cuando digo «paz y bien»
   se me alegra el corazón.
   Cuando digo «paz y bien»
   doy gracias al Creador.

2. Cuando digo «paz y bien»
   soy hermano universal.
   Cuando digo «paz y bien»
   hago del mundo mi hogar.

3. Cuando digo «paz y bien»
   siento en mí la libertad.
   Cuando digo «paz y bien»
   vivo la fraternidad.

192. PERDÓN, OH DIOS MÍO

Popular

Perdón, oh Dios mío,
perdón e indulgencia,
perdón y clemencia,
perdón y piedad.

1. Pequé, ya mi alma
   su culpa confiesa;
   mil veces me pesa
   —de tanta maldad. (Bis)

2. Por mí en el Calvario
   tu sangre vertiste,
   y prendas me diste
   —de amor y humildad. (Bis)

193. PERDÓN, SEÑOR, PERDÓN

J. A. Espinosa

Perdón, Señor, perdón.

1. Misericordia, mi Dios, por tu bondad,
por tu inmensa compasión borra mi culpa.

2. Lava del todo mi delito
y limpia todo mi pecado.

3. Reconozco mi culpa, Señor,
tengo siempre presente mi pecado.

4. Contra Ti, contra Ti sólo pequé,
cometí la maldad que Tú aborreces.

5. Hazme oír el gozo y la alegría,
que se alegren los huesos quebrantados.

6. Enseñaré a los malvados tus caminos,
volverán a Ti los pecadores.

7. Líbrame de la sangre, mi Dios,
y cantará mi lengua tu justicia.

8. Abrirás mis labios, Señor,
y mi boca cantará tus alabanzas.

194. PERDONA A TU PUEBLO, SEÑOR

Popular
(Nuevos textos: B. Velado - A. Alcalde)

Perdona a tu pueblo, Señor,
perdona a tu pueblo;
perdónale, Señor.

1. Por tu poder y amor inefable,
por tu misericordia entrañable,
perdónale, Señor.

2. Somos el pueblo que has elegido
y con tu sangre lo has redimido,
pendónanos Señor.

3. Reconocemos nuestro pecado
que tantas veces has perdonado,
pendónanos Señor.

4. Dios de la fiel y eterna Alianza,
en ti ponemos nuestra esperanza,
pendónanos Señor.

5. Desde la Cruz nos diste a tu Madre,
vuélvenos al abrazo del Padre,
pendónanos Señor.

195. PEREGRINA DE LA FE

Ramón Capilla

A ti, que eres el signo de la fe cierta,
a ti, vida, dulzura y esperanza nuestra,
a ti, vuelve los ojos toda la Iglesia
a ti, vuelve los ojos, Virgen María.

1. Nacida en el misterio
de Cristo Redentor,
crecida en la esperanza,
madura en el amor,
eres peregrina de la fe.

2. Eres en nuestra tierra
la nueva humanidad,

caminas con la Iglesia
promueves la unidad,
eres peregrina de la fe.

3. Proclamas la grandeza
del Dios liberador,
apoyas al humilde
en su liberación,
eres peregrina de la fe.

196. PEREGRINOS DE LA PAZ

B. Velado - A. Alcalde

Peregrinos de la paz y la alegría,
convocados en el nombre del Señor,
celebramos la sagrada eucaristía,
sacrificio y banquete de su amor.
Sacrificio y banquete de su amor.

1. Reunidos en tu casa,
alrededor del altar,
nos convidas a la mesa
de tu palabra y tu pan,
de tu palabra y tu pan.

2. Estás siempre con nosotros
y vienes a renovar
con tu Cuerpo y con tu Sangre
a nuestra comunidad.

3. Para hacer un mundo nuevo,
más justo y más fraternal,
aquí te reconocemos
cuando partimos el Pan.

197. PESCADOR DE HOMBRES

C. Gabaráin

1. Tú, has venido a la orilla,
no has buscado ni a sabios ni a ricos,
tan sólo quieres que yo te siga.

Señor, me has mirado a los ojos,
sonriendo, has dicho mi nombre.
En la arena he dejado mi barca,
junto a Ti, buscaré otro mar.

2. Tú sabes bien lo que tengo,
en mi barca no hay oro ni espadas,
tan solo redes y mi trabajo.

3. Tú necesitas mis manos,
mi cansancio que a otros descanse,
amor que quiera seguir amando.

4. Tú, pescador de otros lagos,
ansia eterna de almas que esperan,
amigo bueno, que así me llamas.

198. PIEDRAS VIVAS

A. Alcalde - B. Velado

Somos piedras vivas,
templo del Señor,
miembros de su cuerpo,
Iglesia en construcción.
Pueblo reunido,
viña de elección,
pueblo reconciliado,
testigos de su amor.

1. Celebremos todos juntos
este día del Señor.
El día de la alegría
y de la Resurrección.

2. Renacidos del Bautismo,
fuente de la salvación.
Incorporados a Cristo,
somos la Iglesia de Dios.

3. Escuchando la palabra,
compartiendo el mismo Pan,
nos llena de su alegría
nos da el abrazo de paz.

4. Por las puertas de la vida
encontramos al Señor
que nos acoge en su casa
la Iglesia santa de Dios.

199. PON TU MANO

Popular

1. Pon tu mano en la mano
de aquél que te da la mano.
Pon tu mano en la mano
de aquél que te dice: «ven».
Él será tu amigo para la eternidad.
Pon tu mano en la mano
de aquél que te dice: «ven».

2. Pon tu mano en la mano
de Jesús de Galilea.
Pon tu mano en la mano de
aquél que te dice: «ven».

3. Pon tus ojos en los ojos
de aquél que te está mirando.
Pon tus ojos en los ojos
de aquél que te dice: «ven».

4. Pon tus pasos en los pasos
de aquél que va caminando.
Pon tus pasos en los pasos
de aquél que te dice: «ven».

200. ¿POR DÓNDE SE VA A BELÉN?

A. Alcalde

¿Por dónde se va a Belén?
¿Por dónde se va a Belén?
—Por cualquier camino del mundo
donde brota un amor profundo,
por allí se va a Belén. (Bis)

1. Para llegar a Belén
no andes solo el camino
pues junto a ti, peregrino,
camina el Niño Enmanuel,
pues junto a ti, peregrino,
camina el Niño Enmanuel.

2. Oveja, mula y rabel,
van caminando contigo,
—buscando el rostro divino
del Dios Nacido en Belén. (Bis)

3. Donde brota una sonrisa,
donde se tiende una mano,
donde se escucha sin prisa
la palabra del hermano,
por allí se va a Belén.

201. POR LOS NIÑOS
(OFRENDA DE AMOR)

G. Fernández

1. Por los niños que empiezan la vida,
por los hombres sin techo ni hogar,
por los pueblos que sufren la guerra
te ofrecemos el vino y el pan.

Pan y vino sobre el altar
son ofrenda de amor,
pan y vino serán después
tu cuerpo y sangre Señor. (Bis)

2. Por los hombres que viven unidos,
por los hombres que buscan la paz,
por los pueblos que no te conocen,
te ofrecemos el vino y el pan.

3. Por aquellos a quienes queremos,
por nosotros y nuestra amistad,
por los vivos y por los difuntos
te ofrecemos el vino y el pan.

202. PREPARAD EL CAMINO

Barriales (Godspell)

Preparad el camino al Señor
y escuchad la palabra de Dios. (Bis)

1. Voz que clama en el desierto
«preparad el camino al Señor»
«desterrad la mentira por siempre,
preparad el camino al Señor».

203. PROCLAMA MI ALMA

Mariano Fuertes

Proclama mi alma
la grandeza del Señor,
se alegra mi espíritu
en Dios mi Salvador. (Bis)

(Ave, ave, bendita María,
bendita eres Tú).

1. Porque Dios ha mirado
la humillación de su esclava
dichosa me llamarán
todos los pueblos del mundo.
El Todopoderoso
ha realizado obras grandes
y santo le aclamarán
todos los pueblos del mundo.

2. Auxilia a sus siervos,
a Israel su elegido,
al pobre ensalzará
entre los pueblos del mundo.
Y su misericordia
derramará entre sus fieles,
su nombre respetarán
todos los pueblos del mundo.

3. Al pobre enaltece,
humillará a los soberbios,
felices te alabarán
todos los pueblos del mundo.
Gloria demos al Padre,
al Hijo y al Santo Espíritu,
por siempre jamás, amén,
todos los pueblos del mundo.

204. PROTÉGEME DIOS MÍO
(ME REFUGIO EN TI)

R. Cantalapiedra

Protégeme Dios mío,
me refugio en Ti. (Bis)

1. El Señor es mi heredad,
me refugio en Ti.
Conmigo va el Señor,
me refugio en Ti.

2. Mi suerte está en su mano,
me refugio en Ti.
Siempre tengo al Señor,
me refugio en Ti.

3. Me enseñas el camino,
me refugio en Ti.
Nunca me dejarás,
me refugio en Ti.

4. Cantemos al Señor,
me refugio en Ti.
Él es nuestra heredad,
me refugio en Ti.
Protégeme Dios mío...

205. PUEBLO DE REYES

P. de la Figuera - L. Deiss

Pueblo de reyes, asamblea santa,
Pueblo sacerdotal, Pueblo de Dios,
¡bendice a tu Señor!

1. Te cantamos, oh Hijo amado del Padre,
te alabamos eterna Palabra salida de Dios.

Te cantamos, oh Hijo de la Virgen María,
te alabamos, oh Cristo, nuestro hermano,
nuestro Salvador.

2. Te cantamos a ti, Esplendor de la gloria,
te alabamos, Estrella radiante que anuncias el día.
Te cantamos, oh Luz que iluminas nuestras sombras,
te alabamos, Antorcha de la nueva Jerusalén.

206. PUEBLO MÍO

R. Cantalapiedra

Pueblo mío ¿qué te he hecho?,
¿en qué te he ofendido? Respóndeme. (Bis)

1. Yo te saqué de Egipto
y por cuarenta años te guié en el desierto,
tú hiciste una cruz
para tu salvador.

2. Yo te libré del mar,
te di a beber el agua, que manaba de la roca,
tú hiciste una cruz
para tu salvador.

3. Yo te llevé a tu tierra,
por ti vencí a los reyes de los pueblos cananeos,
tú hiciste una cruz
para tu salvador.

4. Yo te hice poderoso,
estando yo a tu lado derroté a tus enemigos,
tú hiciste una cruz
para tu salvador.

Q

207. QUÉ ALEGRÍA CUANDO ME DIJERON

M. Manzano

¡Qué alegría cuando me dijeron:
«vamos a la casa del Señor»!
Ya están pisando nuestros pies
tus umbrales, Jerusalén.

1. Jerusalén está fundada
como ciudad bien compacta.
Allá suben las tribus,
las tribus del Señor.

2. Según la costumbre de Israel
a celebrar el nombre del Señor;
en ella están los tribunales de justicia,
en el palacio de David.

3. Desead la paz a Jerusalén:
«Vivan seguros los que te aman,
haya paz dentro de tus muros,
en tus palacios seguridad».

4. Por mis hermanos y compañeros,
voy a decir: «La paz contigo».
Por la casa del Señor, nuestro Dios,
te deseo todo bien.

208. QUE EL SEÑOR NOS CONSTRUYA LA CASA

M. Manzano

Que el Señor nos construya la casa,
que el Señor nos guarde la ciudad;
que nos llene de su riqueza,
que nos guarde siempre del mal.

1. Si el Señor no construye la casa,
en vano se cansan los albañiles,
si el Señor no guarda la ciudad,
en vano vigilan los centinelas.

2. Es inútil que madruguéis,
que veléis hasta muy tarde;
que comáis el pan de la fatiga:
¡Dios lo da a sus amigos mientras duermen!

3. La herencia del Señor son los hijos;
su salario el fruto del vientre;
son saetas en mano de un guerrero
los hijos de la juventud.

209. QUÉ HERMOSOS SON

Jesús López

Qué hermosos son sobre los montes
los pies del mensajero
que anuncia la paz.
Qué hermosos son sobre los montes
los pies del mensajero
que anuncia la paz.

1. Dale acogida, mujer,
que no hay en el mundo nada
cual la pena de nacer ciego
sin amanecer, sin alborada.

2. Donde os pongan leche y miel,
decid la paz a esa casa,
donde no os reciban bien,
os sacudiréis los pies,
todo se pasa.

3. Id, discípulos haced,
andad por la tierra entera,
con vosotros yo estaré,
con vosotros yo estaré,
el mundo espera.

210. ¿QUÉ QUIERES DE MÍ?

Evaristo F. Pérez

1. Me preguntan, mi Señor,
qué te puedo ofrecer;
¡si tan sólo soy un niño!
¡si es tan poco mi poder!
puedo darte mi cariño
y ofrecerte mi niñez.

2. Me preguntan, mi Señor,
qué te puedo ofrecer;
¡si tan sólo soy un niño!
¡si es tan poco mi poder!
puedo darte mi cariño
y ofrecerte mi niñez.

3. ¿Qué más puedo hacer por ti
si tu vida la entregaste
para hacerme libre a mí?
Puedo, Señor, confiar
esperando ir contigo
y entre tanto amar, amar.

211. QUE SEA TU PALABRA

J. Elezcano - M. Zarate

Que sea tu palabra
semilla de unidad,
un signo de que llegará
la esperanza y la verdad.

1. La luz de tu palabra
nos llama sin cesar:
«Estad siempre despiertos;
amad hasta el final».

2. Cumplimos tu palabra
sembrando la verdad,
haciendo cada día
más firme nuestra paz.

3. Que tu palabra sea
sol de la oscuridad,
la voz que nos anime
a llevar la verdad.

212. ¿QUÉ VES EN LA NOCHE?

J. A. Espinosa

¿Qué ves en la noche?
dinos, centinela. (Bis)

1. Dios como un almendro,
con la flor despierta.
Dios que nunca duerme,
busca quien no duerma.
y entre las diez vírgenes,
sólo hay cinco en vela.

2. Gallos vigilantes
que en la noche alertan.
Quien negó tres veces
otras tres confiesa.
Y pregona el llanto
lo que el miedo niega.

3. Muerto lo bajaban
a la tumba nueva.
Nunca tan dentro
tuvo al sol la tierra.
Daba el monte gritos
piedra contra piedra.

4. Gloria en el sepulcro,
mueve Dios la piedra.
Se levanta el mundo
como un toro en vela.
No durmáis el alba,
Cristo está ya cerca.

5. Vi los cielos nuevos
y la tierra nueva;
Cristo entre los vivos
y la muerte muerta;
Dios en las criaturas,
¡y eran todas buenas!

213. QUÉDATE CON NOSOTROS

J.A. Espinosa

Quédate con nosotros,
la tarde está cayendo.
Quédate.

1. ¿Cómo te encontraremos
al declinar el día
si tu camino no es nuestro camino?
Detente con nosotros;
la mesa está servida,
caliente el pan y envejecido el vino.

2. ¿Cómo sabremos que eres
un hombre entre los hombres
si no compartes
nuestra mesa humilde?
Repártenos tu cuerpo
y el gozo irá alejando
la oscuridad
que pesa sobre el hombre.

3. Vimos romper el día
sobre tu hermoso rostro
y al sol abrirse paso por tu frente.
Que el viento de la noche
no apague el fuego vivo
que nos dejó tu paso en la mañana.

4. Arroja en nuestras manos,
tendidas en tu busca,
las ascuas encendidas del espíritu.
Y limpia en lo más hondo
del corazón del hombre
tu imagen empañada por la culpa.

214. QUÉDATE JUNTO A NOSOTROS

E. V. Mateu

Quédate junto a nosotros
que la tarde está cayendo,
pues sin Ti a nuestro lado
nada hay justo, nada hay bueno.

1. Caminamos solos por nuestro camino
cuando vemos a la vera un peregrino.
Nuestros ojos ciegos de tanto penar,
se nos llenan de vida, se nos llenan de paz.

2. Buen amigo, quédate a nuestro lado,
pues el día ya sin luces se ha quedado;
con nosotros quédate para cenar
y comparte mi mesa y comparte mi pan.

3. Tus palabras fueron la luz de mi espera
y nos diste una fe más verdadera;
al sentarnos junto a Ti para cenar,
conocimos quién eras al partirnos el pan.

R

215. RENDIDOS A TUS PLANTAS

Popular - Italia

1. Rendidos a tus plantas, Reina y Señora.
   —Los cristianos te aclaman su Auxiliadora. (Bis)
   Yo tus auxilios vengo a pedir.
   —Virgen Santísima, ruega por mí. (Bis)

2. De este mar tempestuoso, fúlgida estrella.
   —Cada vez que te miro eres más bella. (Bis)
   Guíame al puerto salvo y feliz.
   —Virgen Santísima, ruega por mí. (Bis)

3. En las horas de mis luchas sé Tú mi consuelo
   —y al dejar esta vida llévame al cielo. (Bis)
   En cuerpo y alma me ofrezco a Ti.
   —Virgen Santísima, ruega por mí. (Bis)

216. RESUCITÓ

K. Argüello

Resucitó, resucitó,
resucitó, aleluya;
aleluya, aleluya,
aleluya, resucitó.

1. ¡La muerte!
   ¿Dónde está la muerte?
   ¿Dónde está mi muerte?
   ¿Dónde su victoria?

2. Alegría,
alegría, hermanos,
que si hoy nos queremos,
es que resucitó.

3. Si con Él morimos,
con Él vivimos,
con Él cantamos:
¡Aleluya!

217. REÚNE A TU IGLESIA

A. Alcalde - B. Velado

Reúne a tu Iglesia.

1. Como este pan que partimos,
antes disperso por los campos;
ahora formando un solo pan.

Reúne, Señor, a tu Iglesia
en el amor y la unidad. (Bis)

2. Con este pan compartido,
con esta sangre derramada,
la vida comulga en caridad.

3. Como torrente en crecida,
todos los pueblos de la tierra
un único pueblo formarán.

4. Acuérdate de tu Iglesia,
líbrala de todo peligro
y hazla perfecta en tu amor.

218. REUNIDOS EN EL NOMBRE DEL SEÑOR

F. Palazón

Reunidos en el nombre del Señor
que nos ha congregado ante su altar,
—celebremos el misterio de la fe,
bajo el signo del amor y la unidad. (Bis)

1. Tú, Señor, das sentido a nuestra vida,
tu presencia nos ayuda a caminar,
tu palabra es fuente de agua viva
que nosotros, sedientos,
a tu mesa venimos a buscar.

2. Purifica con tu gracia nuestras manos,
ilumina nuestra mente con tu luz,
que la fe se fortalezca en tu palabra
y tu cuerpo tomado en alimento
nos traiga la salud.

219. SABER QUE VENDRÁS

Richard Anthony - Bob Dylan
Adapt. J.G. Torralba - Espinosa

1. En este mundo que Cristo nos da
hacemos la ofrenda del pan.
El pan de nuestro trabajo sin fin
y el vino de nuestro cantar.
Traigo ante Ti nuestra justa inquietud:
«amar la justicia y la paz».

Saber que vendrás,
saber que estarás
partiendo a los pobres
tu pan. (Bis)

220. SALVE REGINA

Salve regina, Máter misericórdiae:
Víta, dulcédo et spes nóstra, sálve.
Ad te clamámus, éxules, filii Hévae.
Ad te suspirámus, geméntes et fléntes
in hac lacrimárum válle.
Eia ergo, Advocáta nóstra,
íllos tuos misericórdes óculos
ad nos convérte.
Et Jesum, benedictum frúctum véntris túi,
nóbis post hoc exílium osténde.
O clémens, O pía, O dúlcis Vírgo María

221. SALVE ROCIERA

Autores: Rafael de León, Manuel López Quiroga, Manuel Pareja-Obregón, Gerardo del Valle

1. Dios te salve María,
del Rocío Señora,
Luna, Sol, Norte y Guía
y Pastora Celestial.
Dios te salve, María,
todo el pueblo te adora
y repite a porfía
como Tú no hay otra igual.

2. Dios te salve, María,
manantial de dulzura
a tus pies noche y día
te venimos a rezar.
Dios te salve María
un rosal de hermosura
eres Tú, Madre mía,
de pureza virginal.
OLÉ...

Olé - olé -
olé, olé, olé -
olé, olé, olé -
olé, olé, olé, olé, olé, olé, olé -
olé, olé, olé -.
al Rocío yo quiero volver
a cantarle a la Virgen con fe,
con un - Olé - ... (1ª vez) (Bis)
con un... (2ª vez y sigue).

222. SANTO

Santo, Santo, Santo es el Señor,
Dios del Universo.
Llenos están el cielo y la tierra de tu gloria.
Hosanna en el cielo.
Bendito el que viene en nombre del Señor.
Hosanna en el cielo.

223. SANTO

Haendel - Adap.: Luna

Santo, Santo,
Santo es el Señor,
Dios del Universo.
Llenos están
el cielo y la tierra
de tu gloria, hosanna.

Hosanna, hosanna,
hosanna en el cielo. (Bis)

Bendito el que viene
en nombre del Señor.
Hosanna en el cielo, hosanna.

Hosanna, hosanna,
hosanna en el cielo. (Bis)

224. SANTO

Faustino Díez

Santo es el Señor, santo es el Señor. (Bis)

1. Los cielos y la tierra
proclaman tu grandeza,
hosanna, hosanna. (Bis)

2. Bendito el que viene
por siempre en tu nombre.
hosanna, hosanna.

225. SEMBRADOR

Alejandro Fernández

Seguiré su senda, seguiré
y veremos juntos el amanecer.

Llenaré mi alforja de su pan
y su vino calmará mi sed.
Sembrador, sembrador,
sembrador de sueños, sembrador.

1. Detrás de cada instante que se apaga
detrás de aquellos años de niñez,
detrás de la cortina del recuerdo,
se puede oír su voz, se puede oír su voz.

2. Allá donde se guarda nunca hay nada
y donde se reparte siempre habrá.
Donde el silencio tiene su morada
se puede oír su voz, se puede oír su voz.

3. El ruido de la vida me ensordece;
me gusta oír silencio alrededor.
El llanto de los niños me entristece,
se puede oír su voz, se puede oír su voz.

226. SEÑOR, DIOS NUESTRO

F. Palazón

Señor, Dios nuestro,
¡qué admirable es tu nombre
en toda la tierra,
en toda la tierra!

1. Cuando contemplo el cielo
obra de tus dedos,
la luna y las estrellas
que has creado.
—¿Qué es el hombre
para que te acuerdes de él;
el ser humano para darle poder? (Bis)

2. Lo hiciste poco inferior a los ángeles,
lo coronaste de gloria y dignidad,
le diste el mando sobre las obras de tus manos,
todo lo sometiste bajo sus pies.

3. Rebaños de ovejas y toros
y hasta las bestias del campo,
las aves del cielo, los peces del mar,
todo lo sometiste bajo sus pies.

227. SEÑOR, ENSÉÑANOS A ORAR

Kairoi - A. Torrelles

Señor, enséñanos a orar,
a hablar con nuestro Padre Dios.
Señor, enséñanos a orar,
a abrir las manos ante Ti.

1. Orar con limpio corazón
que sólo cante para Ti,
con la mirada puesta en Ti,
dejando que hables, Señor.
Orar buscando la verdad.
Cerrar los ojos para ver.
Dejarnos seducir, Señor,
andar por tus huellas de paz.

2. Orar hablándome de Ti,
de tu silencio y de tu voz,
de tu presencia que es calor.
Dejarnos descubrir por Ti.
Orar también en sequedad.
Las manos en tu hombro, Señor.
Mirarte con sinceridad.
Aquí nos tienes, ¡oh Señor!

228. SEÑOR, ESTE PAN

A. Luna

Señor, este pan, este pan te ofrecemos hoy;
Señor, este pan transfórmalo, acéptalo.
Señor, tuyo soy, transfórmame;
Señor, este pan, este pan te ofrecemos hoy.

1. Señor, mi juventud, mi juventud yo te ofrezco hoy.
   Señor, mi juventud, acéptala, transfórmala,
   Señor, tuyo soy, transfórmame.
   Señor, mi juventud, mi juventud yo te ofrezco hoy.

2. Señor, nuestras manos, nuestras manos.
   te ofrecemos hoy,
   Señor, nuestras manos transfórmalas, acéptalas.
   Señor, tuyo soy, transfórmame.
   Señor, nuestras manos, nuestras manos,
   te ofrecemos hoy.
   Señor, nuestras manos, nuestras manos,
   te ofrecemos hoy.

229. SEÑOR, TEN PIEDAD

Señor, ten piedad.
Señor, ten piedad
Cristo, ten piedad.
Cristo, ten piedad.
Señor, ten piedad.
Señor, ten piedad.

230. SI ME FALTA EL AMOR

F. Palazón

1. Aunque yo dominara las lenguas arcanas
   y el lenguaje del cielo supiera expresar,

solamente sería una hueca campana
si me falta el amor.

Si me falta el amor,
no me sirve de nada.
Si me falta el amor,
nada soy. (Bis)

2. Aunque todos mis bienes dejase a los pobres
y mi cuerpo en el fuego quisiera inmolar,
todo aquello sería una inútil hazaña
si me falta el amor.

3. Aunque yo desvelase los grandes misterios
y mi fe las montañas pudiera mover,
no tendría valor, ni me sirve de nada
si me falta el amor.

231. SÍ ME LEVANTARÉ

P. de la Figuera - L. Deiss

Sí, me levantaré,
volveré junto a mi Padre.

1. A ti, Señor, elevo mi alma.
Tú eres mi Dios y mi Salvador.

2. Mira mi angustia, mira mi pena,
dame la gracia de tu perdón.

3. Mi corazón busca tu rostro;
oye mi voz, Señor, ten piedad.

4. No pongas fin a tu ternura,
haz que me guarde siempre tu amor.

5. Piedad de mí, oh Dios de ternura;
lava mis culpas, oh Salvador.

232. SIEMPRE CONFÍO EN MI DIOS

J. A. Espinosa

Siempre confío en mi Dios,
siempre confío en mi Dios.
Él me conduce, no temo;
me acompaña al caminar.

1. Aunque sin luz camine yo en la noche.
   Aunque el temor me impida avanzar.
2. Aunque perdido yo vaya por las calles,
   sin encontrar amor ni amistad.
3. Aunque yo inquieto me mueva todo el día,
   sin encontrar la paz del corazón.
4. Aunque las fuerzas me falten en la vida
   y la ilusión se apague junto a mí.

233. SÍMBOLOS DE AMOR

D. Campos Recio

El pan que compartimos al comer
y el vino que compartimos al beber
son símbolo de unión,
son símbolo de amor,
son símbolo de lo que Tú
nos enseñaste a ser.

Tú nos has ofrecido tu cuerpo
y nos has ofrecido tu sangre
como signo de lo que nosotros
debemos hacer.
Ofreciendo nosotros la vida
ayudando a vivir a los otros
ya podemos sentarnos contigo
a comer y a beber.

234. SOIS LA SEMILLA
(ID Y ENSEÑAD)

C. Gabaráin

1. Sois la semilla que ha de crecer,
sois estrella que ha de brillar.
Sois levadura, sois grano de sal,
antorcha que debe alumbrar.
Sois la mañana que vuelve a nacer,
sois espiga que empieza a granar.
Sois aguijón y caricia a la vez,
testigos que voy a enviar.

Id, amigos, por el mundo,
anunciando el amor,
mensajeros de la vida,
de la paz y el perdón.
Sed, amigos, los testigos
de mi resurrección,
id llevando mi presencia,
con vosotros estoy.

2. Sois una llama que ha de encender
resplandores de fe y caridad.
Sois los pastores que han de guiar
al mundo por sendas de paz.
Sois los amigos que quise escoger,
sois palabra que intento gritar.
Sois reino nuevo que empieza a engendrar
justicia, amor y verdad.

3. Sois fuego y savia que vine a traer,
sois la ola que agita la mar.
La levadura pequeña de ayer
fermenta la masa del pan.

Una ciudad no se puede esconder,
ni los montes se han de ocultar,
en vuestras obras que buscan el bien,
los hombres al Padre verán.

235. SOMOS UN PUEBLO NACIDO

C. Gabaráin

Somos un pueblo nacido
en el agua y el amor.
Cristo resucitado
y resucitador.
Cristo resucitado
y resucitador.

1. Renacidos en el bautismo,
resucitados con Cristo,
pueblo reconciliado,
Iglesia del Señor.

2. Somos familia reunida,
pueblos de todas las razas,
sólo una fe y un camino,
Iglesia del Señor.

236. SOMOS UN PUEBLO QUE CAMINA

E. V. Mateu

Somos un pueblo que camina,
y juntos, caminando, podemos alcanzar
otra ciudad que no se acaba,
sin penas ni tristezas,
ciudad de eternidad.

1. Somos un pueblo que camina,
que marcha por el mundo buscando otra ciudad.
Somos errantes peregrinos en busca de un destino,
destino de unidad; siempre seremos caminantes,
pues sólo caminando podremos alcanzar
otra ciudad que no se acaba,
sin penas ni tristezas, ciudad de eternidad.

2. Sufren los hombres, mis hermanos,
buscando entre las piedras la parte de su pan.
Sufren los hombres oprimidos,
los hombres que no tienen ni paz ni libertad.
Sufren los hombres, mis hermanos,
mas Tú vienes con ellos y en Ti alcanzarán
otra ciudad que no se acaba,
sin penas ni tristezas, ciudad de eternidad.

3. Danos valor para la lucha,
valor en las tristezas, valor en nuestro afán.
Danos la luz de tu palabra,
que guíe nuestros pasos en este caminar;
marcha Señor, junto a nosotros,
pues sólo en tu presencia podremos alcanzar
otra ciudad que no se acaba
sin penas ni tristezas, ciudad de eternidad.

237. SOY UN POBRE PASTORCILLO

Villancico tradicional de Cataluña

1. Soy un pobre pastorcillo
que camina hacia Belén;
voy buscando al que ha nacido,
Dios con nosotros, Manuel.

Caminando, camina ligero,
no te canses, no, de caminar;

que te esperan José y María
con el Niño en el portal.

2. Aunque soy pobre, le llevo
   un blanquísimo vellón,
   para que le haga su madre
   un pellico de pastor.

3. Guardadito aquí en el pecho
   yo le llevo el mejor don:
   al Niñito que ha nacido
   le llevo mi corazón.

238. TAN CERCA DE MÍ

Pentecostal

Tan cerca de mí,
tan cerca de mí
que hasta lo puedo tocar,
Jesús está aquí.

1. Míralo pasando entre la gente,
   caminando entre la multitud,
   muchos no lo ven, porque ciegos van,
   ocupados sin saber mirar.

2. Le hablaré sin miedo al oído,
   le contaré las cosas que hay en mí
   y que sólo a Él le interesarán.
   Él es más que un mito para mí.

239. TANTUM ERGO

Tantum ergo Sacramentum
veneremus cernui:
et antiquum documentum
novo cedat ritui:
praestet fides supplementum
sensuum defectui.
Genitore, genitoque
laus et jubliatio,

salus, honor, virtus quoque
sit et benedictio:
procedenti ab utroque
compar sit laudatio. Amen.

240. TE ALABAMOS

M. Fuertes - B. Velado

Te alabamos, Señor,
te bendecimos
estamos junto a Ti.
En el silencio
con fe hoy escuchamos
—tu corazón latir. (Bis)

Tus palabras de vida
resuenan hoy aquí:

«Yo estaré con vosotros,
yo estaré con vosotros,
yo estaré con vosotros,
venid todos a mí». (Bis)

Tu presencia en nosotros
la vida nos dará.

«Yo estaré...

Te adoramos, cantamos, Señor,
por siempre a ti.

«Yo estaré...

241. TE CONOCIMOS AL PARTIR EL PAN

J. Madurga

1. Andando por el camino
te tropezamos, Señor.
Te hiciste el encontradizo,
nos diste conversación;
tenían tus palabras
fuerza de vida y amor,
ponían esperanza
y fuego en el corazón.

Te conocimos, Señor,
al partir el pan.
Tú nos conoces, Señor,
al partir el pan. (Bis)

2. Llegando a la encrucijada,
Tú proseguías, Señor;
te dimos nuestra posada,
techo, comida y calor.
Sentados, como amigos,
a compartir el cenar,
allí te conocimos,
al repartirnos el pan.

242. TE DAMOS GRACIAS

Pelayo Sánchez

1. Te damos gracias, Señor,
por la tierra y el sol,
por la luna y las estrellas.
Bendecimos tu nombre alzando las manos,
cantando para Ti, Señor.

Te damos gracias, Jesús,
por el fuego y la luz,
por la noche y por el día.
Bendecimos tu nombre alzando las manos,
cantando para Ti, Señor.

Gloria a Dios, a Él sea el poder.
Gloria a Dios, a Él sea el honor.
Gloria a Dios por siempre
en lo alto del cielo.
Gloria para nuestro Dios. (Bis)

2. Te damos gracias, Señor,
por los campos en flor,
por la nieve de los montes.
Bendecimos tu nombre alzando las manos,
cantando para Ti, Señor.
Te damos gracias, Jesús,
por las olas del mar,
por el canto de las aves.
Bendecimos tu nombre alzando las manos,
cantando para Ti, Señor.

243. TE DAMOS GRACIAS, SEÑOR

J. A. Espinosa

Te damos gracias, Señor,
de todo corazón.
Te damos gracias, Señor,
cantamos para ti.

1. A tu nombre daremos gracias,
por tu amor y tu lealtad,
te llamé y me escuchaste,
aumentaste el valor en mi alma.

2. Te alaban los reyes de la tierra,
porque oyeron la voz de tu palabra;
y en los caminos del Señor van cantando,
porque grande es la gloria del Señor.

3. Si camino en medio de la angustia,
me das vida a pesar del enemigo;
Tú miras al pobre y al humilde,
grandioso es el Señor.

4. Tiendes tu mano y me salvas,
cumplirás tu favor hacia mí;
Señor, tu amor es eterno,
no abandones la obra de tus manos.

244. TE OFRECEMOS, SEÑOR

J. A. Espinosa

Te ofrecemos, Señor, nuestra Juventud. (Bis)

1. Este día que amanece (que anochece)
entre cantos y alegrías,
este día en que sentimos
tu presencia en nuestras vidas.

2. Ilusiones y esperanzas,
la alegría de vivir
todos juntos como hermanos,
caminando hacia Ti.

3. El esfuerzo de los hombres,
el dominio de la tierra,
la llegada de tu reino,
inquietud que se hace eterna.

4. Ofrecemos todos juntos,
nuestras vidas al Señor,

los trabajos y dolores,
la alegría y el amor.

245. TE PRESENTAMOS EL VINO Y EL PAN

J. A. Espinosa

Te presentamos el vino y el pan.
Bendito seas por siempre, Señor. (Bis)

1. Bendito seas, Señor,
por este pan que nos diste,
fruto de la tierra
y del trabajo de los hombres.

2. Bendito seas, Señor,
el vino Tú nos lo diste,
fruto de la tierra
y del trabajo de los hombres.

246. TEN PIEDAD

Vicente Morales - «Brotes de Olivo»

Ten piedad, ten piedad.
Ten piedad, ten piedad.

—**Ten piedad, Señor, ten piedad.**
Soy pecador, ten piedad. (Bis)

Y de mí, Cristo, apiádate.
Contra Ti yo pequé. (Bis)
Ten piedad, Señor, ten piedad.
Soy pecador, ten piedad. (Bis)

247. TOMADO DE LA MANO

C. Carismáticas

Tomado de la mano con Jesús yo voy,
le sigo como oveja que encontró al pastor.
Tomado de la mano con Jesús yo voy
a donde Él va. (Bis)

Si Jesús me dice: «Amigo,
deja todo y ven conmigo
donde todo es más hermoso
y más feliz».
Si Jesús me dice: «Amigo,
deja todo y ven conmigo».
Yo mi mano pondré en la
suya e iré con Él.

Yo te llevaré, amigo,
a un lugar conmigo
donde el sol y las estrellas
aún brillan más.
Yo te llevaré, amigo,
a un lugar conmigo
donde todo es más hermoso
y más feliz.

248. TU CRUZ ADORAMOS, SEÑOR

F. Palazón

Tu cruz adoramos, Señor,
y tu santa resurrección
alabamos y glorificamos.
Por el madero
ha venido la alegría
al mundo entero.

1. Árbol único en nobleza
de donde brota la vida.
Bajo tus brazos reunida
te adora la cristiandad
postrada y agradecida.

2. En ti todos los que sufren
buscan alivio y consuelo,
tu yugo es suave y ligero,
pues su peso nos quitó
el que te llevó primero.

249. TÚ ERES EL DIOS QUE NOS SALVA

J. A. Espinosa

1. Tú eres el Dios que nos salva,
la luz que nos ilumina,
—la mano que nos sostiene
y el techo que nos cobija. (Bis)

Te damos gracias, Señor,
te damos gracias, Señor. (Bis)

2. Te damos gracias, Señor,
porque has depuesto la ira
—y has detenido ante el pueblo
la mano que lo castiga. (Bis)

3. Y sacaremos con gozo
del manantial de la vida
—las aguas que dan al hombre
la fuerza que resucita. (Bis)

4. Entonces proclamaremos:
cantadle con alegría,

—el nombre de Dios es grande,
su caridad infinita. (Bis)

5. Que alabe al Señor la tierra,
contadle sus maravillas.
—Qué grande en medio del pueblo
el Dios que nos justifica. (Bis)

250. TÚ ERES DEL SEÑOR

Jaime Palau - Kairoi

1. Eres tan sencilla
como luz de amanecer.
Eres Tú, María,
fortaleza de mi fe.
Tú eres flor, eres del Señor,
te dejas acariciar por su amor.
Eres tan humilde
como el vuelo de un gorrión.
Eres Tú, María,
el regazo del amor.
Tú eres flor...

Yo quiero estar
en las manos del Señor como tú.
Para amar en las manos del Señor
como tú, como tú, como tú.

2. Eres tan pequeña
como el canto de mi voz,
eres la grandeza
de aquel que te modeló.
Tú eres flor...
Eres tan hermosa
como el cielo, como el mar;

eres Tú, María,
como el gozo de soñar.
Tú eres flor...

251. TÚ NOS DIJISTE QUE LA MUERTE

(LA MUERTE NO ES FINAL)

C. Gabaráin

1. Tú nos dijiste que la muerte
no es el final del camino,
que aunque morimos, no somos
carne de un ciego destino.
Tú nos hiciste, tuyos somos;
nuestro destino es vivir
siendo felices contigo
sin padecer ni morir.

2. Cuando la pena nos alcanza
por un hermano perdido,
cuando el adiós dolorido
busca en la fe su esperanza.
En tu palabra confiamos,
con la certeza que Tú
ya lo has devuelto a la vida,
ya lo has llevado a la luz.

3. Cuando, Señor, resucitaste,
todos vencimos contigo.
Nos regalaste la vida
como en Betania al amigo.
Si caminamos a tu lado
no va a faltarnos tu amor
porque muriendo vivimos,
vida más clara y mejor.

252. TU PALABRA ME DA VIDA

J.A. Espinosa

Tu palabra me da vida
confío en ti, Señor.
Tu palabra es eterna
en ella esperaré.

1. Dichoso el que con vida intachable
camina en la ley del Señor.
Dichoso el que guardando sus preceptos
lo busca de todo corazón.

2. Postrada en el polvo está mi alma,
devuélvame la vida tu palabra,
mi alma está llena de tristeza;
consuélame, Señor, con tus promesas.

3. Escogí el camino verdadero.
Y he tenido presentes tus decretos;
correré por el camino del Señor,
cuando me hayas ensanchado el corazón.

253. TU REINO ES VIDA

M. Manzano

Tu Reino es vida,
tu Reino es verdad;
tu Reino es justicia,
tu Reino es paz;
tu Reino es gracia,
tu Reino es amor:
—venga a nosotros
tu Reino, Señor. (Bis)

1. Dios mío, da tu juicio al rey,
tu justicia al hijo de reyes
—para que rija a tu pueblo con justicia,
a tus humildes con rectitud. (Bis)

2. Que los montes traigan la paz,
que los collados traigan la justicia;
—que Él defienda a los humildes del pueblo
y que quebrante al explotador. (Bis)

254. TÚ, SEÑOR

Kairoi

1. Tú, Señor, cada mañana
llamas a mi puerta,
y me dices: ven.
Yo quiero seguirte
con todas mis fuerzas,
que se haga tu voluntad.
Sabes que no tengo nada
que soy muy débil y pecador.
Mi vida te ofrezco,
mis pies, mis manos,
te entrego mi corazón.

Tú, Señor,
has tomado todo lo que soy,
me seduce tu evangelio y tu verdad,
tu amor y tu amistad.
Tú, Señor,
me has mostrado un modo de vivir,
un camino de renuncia y caridad,
contigo soy feliz.

2. Tú me has hecho un hombre nuevo,
un hombre libre, capaz de amar.
María me enseña a ser sencillo
viviendo en fidelidad.
Tú me has puesto entre los hombres
como un testigo de tu verdad.
Ser sal de la tierra,
ser luz del mundo.
Tu fuerza me bastará.

U

255. UBI CARITAS

J. Berthier - Taizé

Ubi caritas et amor,
ubi caritas, Deus ibi est.

256. UN MANDAMIENTO NUEVO

Popular

Un mandamiento nuevo
nos dio el Señor:
—Que nos amáramos todos
como Él nos amó. (Bis)

1. Acercaos, los hermanos,
   que es Dios mismo quien invita.
2. Dios perdona nuestras culpas,
   a su mesa nos invita.
3. El que no ama a sus hermanos
   no se acerque a este convite.
4. Perdonemos al hermano,
   como Él mismo nos perdona.

5. De su Cuerpo y de su Sangre
se hace reo quien no ama.

6. Quien te come y no te ama,
a sí mismo se condena.

7. Lo que hagamos al hermano,
a Dios mismo se lo hacemos.

8. Quien no ama a sus hermanos
miente si a Dios dice que ama.

9. La señal de los cristianos
es amarse como hermanos.

257. UN NIÑO SE TE ACERCÓ

C. Gabaráin

**Un niño se te acercó
aquella tarde,
sus cinco panes te dio
para ayudarte,
los dos hicisteis que ya
no hubiera hambre,
los dos hicisteis que ya
no hubiera hambre.**

1. La tierra, el aire y el sol
son tu regalo,
y mil estrellas de luz
sembró tu mano.
—El hombre pone su amor
y su trabajo. (Bis)

2. También yo quiero poner
sobre tu mesa
mis cinco panes que son
una promesa,
—de darte todo mi amor
y mi pobreza. (Bis)

258. UN SOLO SEÑOR

P. de la Figuera - L. Deiss

Un solo Señor,
una sola fe,
un solo bautismo,
un solo Dios y Padre.

1. Llamados a guardar la unidad del Espíritu,
por el vínculo de la paz,
cantamos y proclamamos.

2. Llamados a formar un solo Cuerpo,
en un mismo Espíritu,
cantamos y proclamamos.

3. Llamados a compartir,
una misma esperanza en Cristo,
cantamos y proclamamos.

259. UNA ESPIGA

C. Gabaráin

Una espiga dorada por el sol,
el racimo que corta el viñador,
—se convierten ahora en pan y vino de amor,
en el cuerpo y la sangre del Señor. (Bis)

1. Comulgamos la misma comunión.
Somos trigo del mismo sembrador,
un molino, la vida nos tritura con dolor,
Dios nos hace Eucaristía en el amor.

2. Como granos que han hecho el mismo pan,
como notas que tejen un cantar,
como gotas de agua que se funden en el mar,
los cristianos un cuerpo formarán.

3. En la mesa de Dios se sentarán,
como hijos su pan comulgarán.
Una misma esperanza caminando cantarán,
en la vida como hermanos se amarán.

260. UNA MUJER

Mariano Fuertes

1. Los profetas anunciaron
lo que Dios les inspiró;
que una virgen será madre
y será Madre de Dios.
Sus palabras se cumplieron
en un pueblo, en Nazaret,
en la Alta Galilea,
en la tierra de Israel.

He aquí que una mujer
de la estirpe del Rey David,
nos dará al Enmanuel,
Salvador, Dios de Israel. (Bis)

2. La esperanza en el Mesías
que de virgen nacerá
estará viva en el pueblo
esperando libertad.

Cantará sus alabanzas,
cantará salmos de paz,
deseando su venida,
su mensaje de verdad.

3. El Señor, Dios de los cielos,
nos dará una señal,
nos dará una nueva Eva,
nos dará un nuevo Adán.
Sus palabras se cumplieron
en un pueblo, en Nazaret,
en la Alta Galilea,
en la tierra de Israel.

261. VAMOS A PREPARAR EL CAMINO

C. Erdozáin

Vamos a preparar
el camino del Señor.
Vamos a construir
la ciudad de nuestro Dios.
Vendrá el Señor con la aurora,
Él brillará en la mañana,
pregonará la verdad.
Vendrá el Señor con su fuerza,
Él romperá las cadenas,
Él nos dará la libertad.

1. Él estará a nuestro lado,
Él guiará nuestros pasos.
Él nos dará la salvación.
Nos limpiará del pecado,
ya no seremos esclavos.
Él nos dará la libertad.

2. Visitará nuestras casas,
nos llenará de esperanza.
Él nos dará la salvación.
Compartirá nuestros cantos,
todos seremos hermanos.
Él nos dará la libertad.

3. Caminará con nosotros,
nunca estaremos ya solos.
Él nos dará la salvación.
Él cumplirá la promesa,
y llevará nuestras penas.
Él nos dará la libertad.

262. VASO NUEVO

Carismáticos - M. Verde B.

1. Gracias quiero darte por amarme.
Gracias quiero darte yo a ti, Señor.
Hoy soy feliz porque te conocí.
Gracias por amarme a mí también.

Yo quiero ser, Señor, amasado
como el barro en manos del alfarero.
—Toma mi vida, hazla de nuevo,
yo quiero ser un vaso nuevo. (Bis)

2. Te conocí y te amé.
Te pedí perdón y me escuchaste.
Si te ofendí, perdóname, Señor,
pues te amo y nunca te olvidaré.

263. VAYAMOS JUNTOS AL ALTAR

A. Luna

Vayamos juntos al altar
alabando el nombre del Señor,
—venid los hambrientos,
venid los cansados,
venid a la fiesta de su pan. (Bis)

1. En su nombre nos hemos reunido,
su Palabra es fuente de verdad.
Unamos nuestras voces,
juntemos nuestras manos,
venid a la fiesta de su pan.

2. En domingo nos hemos reunido,
es la fiesta de tu comunidad.
Unid los corazones,
unamos nuestras manos,
venid a la fiesta de su pan.

3. Hoy la misa a todos nos congrega,
es la fiesta de la fraternidad;
unamos nuestras voces,
juntemos nuestras manos,
venid a la fiesta de su pan.

264. VEN, JESÚS

Faustino Díez I.

Ven, Jesús, ven a mi vida.
Danos tu fuerza para andar.

1. Caminar, a lo largo de esta vida
pero agarrados a tu mano.
Y saber que no hay nada en este mundo
que pueda separarnos.

2. Recordar siendo niño ese momento
cuando supe abrir mis labios.
Descubrir mis secretos en tus manos
y decirte que te quiero.

3. Compartir una fiesta con amigos,
recordando tus palabras.

Y comer y beber de tu alimento
que da vida en abundancia.

265. VEN, VEN SEÑOR

C. Gabaráin

Ven, ven Señor, no tardes,
ven, ven que te esperamos.
Ven, ven Señor, no tardes
ven pronto, Señor.

1. El mundo muere de frío,
el alma perdió el calor,
los hombres no son hermanos,
el mundo no tiene amor.

2. Envuelto en sombría noche,
el mundo sin paz no ve;
buscando va una esperanza;
buscando, Señor, tu fe.

3. Al mundo le falta vida,
al mundo le falta luz;
al mundo le falta el cielo,
al mundo le faltas Tú.

266. VEINTICINCO DE DICIEMBRE

Villancico tradicional de Cataluña

1. Veinticinco de Diciembre
fum - fum - fum. (Bis)
Un niñito muy bonito
ha nacido en un portal;
con su carita de rosa
parece una flor hermosa.
fum - fum - fum.

2. Venid, venid, pastorcitos.
fum - fum - fum. (Bis)
Venid con la pandereta
y zambombas al portal.
Alegrad al Dios del cielo
que ha aparecido en el suelo.
fum - fum - fum.

267. VENI CREATOR

1. Veni, creator Spiritus, mentes tuorum visita,
   imple superna gratia quae tu creasti, pectora.

2. Qui diceris Paraclitus, donum Dei altissimi,
   fons vivus, ignis, caritas et spiritalis unctio.

3. Tu septiformis munere, dextrae Dei tu digitus,
   tu rite promissum Patris sermone ditans guttura.

4. Accende lumen sensibus, infunde amorem cordibus,
   infirma nostri corporis virtute firmans perpeti.

5. Hostem repellas longius pacemque dones protinus;
   ductore sic te praevio vitemus omne noxium.

6. Per te sciamus da Patrem noscamus atque Filium,
   te utriusque Spiritum credamus omni tempore.
   Amen.

268. VENID Y VAMOS TODOS

Popular

Venid y vamos todos
con flores a porfía,
—con flores a María,
que madre nuestra es. (Bis)

1. De nuevo aquí nos tienes,
purísima doncella,
más que la luna bella,
postrados a tus pies. (2ª versión Bis).

2. Venimos a ofrecerte
las flores de este suelo;
con cuánto amor y anhelo,
Señora, Tú lo ves. (2ª versión Bis).

3. Tu poderosa mano
defiéndanos, Señora,
y siempre desde ahora
a nuestro lado estés. (2ª versión Bis).

269. VICTORIA, TU REINARÁS

Melodía eslava - Arm.: Julien

Victoria, tu reinarás,
oh cruz, tú nos salvarás.

1. El Verbo en Ti clavado,
muriendo nos rescató;
de Ti, madero santo,
nos viene la Redención.

2. Extiende por el mundo
tu reino de salvación,
oh Cruz, fecunda fuente
de vida y de bendición.

3. Impere sobre el odio
tu reino de caridad,
alcancen las naciones
el gozo de la unidad.

4. La gloria por los siglos
a Cristo libertador.
Su Cruz nos lleve al cielo,
la tierra de promisión.

270. VIENEN CON ALEGRÍA

C. Gabaráin

Vienen con alegría, Señor,
cantando vienen con alegría, Señor,
los que caminan por la vida, Señor,
sembrando tu paz y amor. (Bis)

1. Vienen trayendo la esperanza
a un mundo cargado de ansiedad.
A un mundo que busca y que no alcanza
caminos de amor y de amistad.

2. Vienen trayendo entre sus manos
esfuerzos de hermanos por la paz,
deseos de un mundo más humano
que nacen del bien y la verdad.

3. Cuando el odio y la violencia
aniden en nuestro corazón,
el mundo sabrá que por herencia
le aguardan tristezas y dolor.

271. VINE A ALABAR A DIOS

A. Crouch

Vine a alabar a Dios,
vine a alabar a Dios,
vine a alabar su nombre,
vine a alabar a Dios.

1. Él vino a mi vida
en un día muy especial,
cambió mi corazón
en un nuevo corazón,
y ésta es la razón
por la que digo que:
vine a alabar a Dios.

Vine a alabar a Dios...

272. VOSOTROS SOIS LA SAL

Jesús López

Vosotros sois la luz,
vosotros sois la sal. (Bis).

1. Si la luz está apagada,
si la luz está apagada,
con qué iluminarán. (2 veces)
Si la luz está apagada,
si la luz está apagada,
a ciegas andarán. (2 veces)

2. Si la sal se vuelve sosa,
si la sal se vuelve sosa,
con qué la salarán. (2 veces).
Si la sal se vuelve sosa,
si la sal se vuelve sosa,
sin más la tirarán. (2 veces).

273. Y CANTARÉ PARA TI

J. Santos Matías

Tú eres mi Señor,
por Ti yo cantaré ¡aleluya!
Tú eres mi Señor,
por Ti yo cantaré ¡aleluya! (Bis)

1. Y cantaré para Ti,
   porque sé que tu amor
   me cuida y me sostiene. (Bis)

2. Y cantaré para Ti,
   porque sé que tu luz
   alumbra mi camino. (Bis)

3. Y cantaré para Ti,
   porque sé que Tú estás
   viviendo en los hermanos. (Bis)

274. YO CANTARÉ
(MAGNÍFICAT)

R. Romero - Kairoi

Yo cantaré al Señor un himno grande,
yo cantaré al Señor una canción. (Bis)

Mi alma se engrandece,
mi alma canta al Señor. (Bis)

Proclama mi alma
la grandeza de Dios.
Se alegra mi espíritu
en Dios, mi Salvador.
Porque ha mirado
—la humillación de su sierva. (Bis)
Cantad conmigo la grandeza de Dios,
todas las naciones, alabad al Señor.

275. YO CANTO AL SEÑOR

J. M. Espinosa

1. Yo canto al Señor porque es grande,
me alegro en el Dios que me salva,
feliz me dirán las naciones,
en mí descanso su mirada.

Unidos a todos los pueblos
cantamos al Dios que nos salva.

2. Él hizo en mí obras grandes,
su amor es más fuerte que el tiempo,
triunfó sobre el mal de este mundo,
derriba a los hombres soberbios.

3. No quiere el poder de unos pocos,
del polvo a los pobres levanta,
dio pan a los hombres hambrientos,
dejando a los ricos sin nada.

4. Libera a todos los hombres,
cumpliendo la eterna promesa,
que hizo en favor de su pueblo,
los pueblos de toda la tierra.

276. YO SOY EL PAN DE VIDA

Suzane Tole - Adap.: M. Verde B.

1. Yo soy el Pan de vida,
   el que viene a mí
   no tendrá hambre,
   el que cree en mí
   no tendrá sed.
   Nadie viene a mí,
   si mi Padre no le atrae.

Yo le resucitaré (3 veces)
en el día final. (Bis)

2. El pan que yo daré
   es mi cuerpo,
   vida para el mundo.
   El que siempre
   coma de mi carne
   vivirá en mí
   como yo vivo en mi Padre.

3. Yo soy esa bebida
   que se prueba
   y no se siente sed.
   El que siempre
   beba de mi sangre
   vivirá en mí
   y tendrá la vida eterna.

4. Sí, mi Señor, yo creo
   que has venido al mundo
   a redimirnos.
   Que Tú eres el Hijo de Dios
   y que estás aquí,
   alentando nuestras vidas.

277. YO TENGO UN AMIGO QUE ME AMA

C. Gabaráin

Yo tengo un amigo que me ama,
me ama, me ama,
yo tengo un amigo que me ama,
su nombre es Jesús.
—Y estaremos en su viña trabajando;
en la viña del Señor. (Bis)

1. Tú tienes un amigo que te ama,
te ama, te ama,
tú tienes un amigo que te ama,
su nombre es Jesús.

2. Tenemos un amigo que nos ama,
nos ama, nos ama,
tenemos un amigo que nos ama,
su nombre es Jesús.

3. Tenemos una Madre que nos ama,
nos ama, nos ama,
tenemos una madre que nos ama,
la madre de Jesús.

278. YO TENGO UN GOZO EN EL ALMA

C. Gabaráin

Yo tengo un gozo en el alma, ¡grande!,
gozo en el alma, ¡grande!,
gozo en el alma y en mi ser;
¡aleluya, gloria a Dios!
Es como un río de agua viva, ¡viva!,

río de agua viva, ¡viva!,
río de agua viva en mi ser.

1. Ama a tu hermano y alaba a tu Señor,
ama a tu hermano y alaba a tu Señor.
Da gloria a Dios, gloria a Dios, gloria a Él.
Ama a tu hermano y alaba a tu Señor.
Yo tengo un gozo...

2. Con alegría alaba a tu Señor,
con alegría alaba a tu Señor,
da gloria a Dios, gloria a Dios, gloria a Él.
Ama a tu hermano y alaba a tu Señor.
Yo tengo un gozo...

Índice

Índice temático

EUCARISTÍA. CANTOS DE ENTRADA

SEÑOR TEN PIEDAD

GLORIA

SALMOS

Gustad y ved qué bueno es el Señor.
Himno a Dios (Mi fuerza y mi poder es el Señor).
Levanto mis ojos a los montes.
Oh Dios, tú mereces un himno en Sión.
Perdón, Señor, perdón.
Protégeme Dios mío (Me refugio en ti).
Qué alegría cuando me dijeron.
Que el Señor nos construya la casa.
Señor Dios nuestro, qué admirable.
Tu palabra me da vida.
Tu reino es vida.

INVITACIÓN A ESCUCHAR LA PALABRA

Escucha, tú, la palabra.
Habla, Señor.
Háblame.
Palabra de Dios.
Que sea tu palabra.

ALELUYA

Aleluya, el Señor es nuestro Rey.
Aleluya (K. Lafferty).
Aleluya (A. Alcalde).
Canta Aleluya al Señor.

CREDO

Credos (Niceno - Apostólico)
Credo (Latín)
Creo, Señor.

PROCESIÓN DE OFRENDAS

En torno al pan.
En su mesa hay amor.
Este pan y vino, Señor.
Por los niños que empiezan la vida.
Saber que vendrás.
Señor, este Pan.
Te presentamos el vino y el pan.
Te ofrecemos, Señor, nuestra juventud.
Un niño se te acercó.

SANTO

Sanctus - Misa de Angelis (Gregoriano).
Santo (Haendel - Luna).

ACLAMACIÓN AL MEMORIAL

GRAN AMÉN

Amén (C. Gabaráin).
Amén (A. Alcalde).
Amén (M. Fuertes).

PADRE NUESTRO

Padre nuestro.
Padre nuestro (Espinosa).
Padre nuestro (M. Fuertes - Greco-católico).
Padre nuestro (Kairoi).
Pater Noster.

LA PAZ

Instrumento de tu paz.
La paz esté con vosotros.

Paz en al tierra.
Paz (F. Díez).
Paz y bien.
Paz, Señor.

CORDERO DE DIOS

Agnus Dei - Misa de Angelis (Gregoriano).
Cordero de Dios (Aragües).
Cordero de Dios (A. Alcalde).

COMUNIÓN

Bendigamos al Señor.
Cantemos al amor de los amores.
Cerca de Ti, Señor.
Comeremos de la mesa del Señor.
Donde hay caridad y amor.
El amor es nuestro canto.
El Señor Dios nos amó.
En torno al pan.
Este es el pan de los hijos.
Estoy llamando a tu puerta (Y cenaré contigo).
Gustad y ved.
Jesús es Señor.
Jesús está en ti.
Jesús está entre nosotros.
Nos llamas amigos.
Oh Señor, yo no soy digno.
Pange lingua.
Pescador de hombres (Tú has venido a la orilla).
Símbolos de amor (El pan que compartimos).
Tan cerca de mí.
Te conocimos, Señor (Pascua).
Ubi caritas.
Una espiga dorada.
Un mandamiento nuevo.

POSTCOMUNIÓN

Al atardecer de la vida.
Alabado seas mi Señor.
Alabo tu bondad.
Cántico de Daniel.
Como el Padre me amó.
Nada te turbe.

CANTO DE DESPEDIDA

Anunciaremos tu Reino.
Demos gracias al Señor.
Eres el fuego, el amor.
Escucha hermano (Himno a la alegría).
Gracias, Señor, por nuestra vida.
La sal y la luz.
Mientras recorres la vida.
Te damos gracias (P. Sánchez).
Tú, Señor.

ADVIENTO

Mirad a vuestro Dios.
No durmáis (A. Alcalde).
Nuevo Adviento.
Vamos a preparar el camino del Señor.
Ven, ven, Señor, no tardes.

NAVIDAD

Adeste Fideles.
Alegría, alegría.
Campana sobre campana.
Cascabel.
Chiquirritín.

De la Virgen nos ha nacido.
Dime, Niño, ¿de quién eres?
El Niño Dios.
El tamborilero.
Gloria (M. Fuertes).
Gloria a Dios en las alturas.
Ha nacido el Salvador.
Hoy en la tierra.
Llévale este trigo, trigo.
Navidades blancas.
Navidad sin pandereta (A Belén se va y se viene).
Niños del mundo, venid al portal.
No durmáis (Quiero que mi Navidad).
Noche de Dios.
Nunca suenan las campanas.
Pastores de la montaña (Gloria).
¿Por dónde se va a Belén?
Soy un pobre pastorcillo.

CUARESMA - SEMANA SANTA

Alma mía, recobra tu calma.
Como el Padre me amó.
Con vosotros está.
Donde hay amor.
Donde hay caridad y amor.
Dolorosa (Espinosa).
El mandato.
En la cruz nos das la vida.
Escuchando tu llamada (Vas con nosotros Señor).
Estaba junto a la Cruz (M. Fuertes).
La alegría del perdón.
Lauda Jerusalem.
Nos has llamado al desierto.
Os doy un mandato nuevo (Palazón).
Perdón, Señor, perdón (S. 50).
Perdón, oh Dios mío.
Perdona a tu pueblo.
Pueblo mío.
Sí, me levantaré.
Tu Cruz adoramos, Señor.
Ubi caritas.
Victoria.

PASCUA

Acuérdate de Jesucristo.
Alégrate.
Alegre la mañana.
Aleluya, el Señor resucitó.
Canta aleluya al Señor.
El agua del Señor.
Este es el día en que actuó el Señor.
Gloria, gloria, aleluya.
Hoy el Señor resucitó.
Jesús resucita hoy.
La fiesta del Señor.
Resucitó.
Reúne a tu Iglesia.

DIOS PADRE

Amén (M. Fuertes).
Dios es fiel.
Donde hay amor.
Hágase tu voluntad.
Padre, no nos dejes caer.
Padre nuestro, Padre de todos.
Padre nuestro (M. Fuertes - Greco-católico).
Pater noster.

SEÑOR JESÚS

Como el Padre me amó.
Cómo le cantaré al Señor.
Con vosotros está.
Cristo Libertador.
En momentos así.
Enséñanos a orar (Kairoi).
Eres el fuego, el amor.
Jesús es Señor.
Jesús está en ti.
Jesús está entre nosotros.
Junto a Ti al caer de la tarde.
No adoréis.
Nos llamas amigos.
Resucitó.
Sembrador.
Señor, enséñanos a orar (Luna).
Tú, Señor.
Cristo te necesita para amar.
Jesús está en ti.

ESPÍRITU SANTO

Espíritu Santo, guíanos.
Espíritu Santo, ven.
Esta es la hora.
Oh Señor, envía tu Espíritu.
Veni creator.

BAUTISMO

El agua del Señor.
Este es el día en que actuó el Señor.
Juntos como hermanos.
Pueblo de reyes.
Somos un pueblo nacido.
Un solo Señor.

CONFIRMACIÓN

Espíritu Santo, ven
Espíritu Santo, guíanos.
Esta es la hora.
Este es el día en que actuó el Señor.
La sal y la luz.
Nada te turbe.
Oh Señor, envía tu Espíritu.
Pescador de hombres.
Ven, Jesús.
Veni creator.
Vosotros sois la sal.

MATRIMONIO

Cerca de Ti, Señor.
Juntos como hermanos.
Si me falta el amor.

EXEQUIAS

Acuérdate de Jesucristo.
Adiós hermano.
Al atardecer de la vida
Cantares de resurrección.
Dale el descanso, Señor.
Despidamos todos juntos al hermano.
Hacia ti morada santa.
Las puertas de la Nueva Ciudad.
Tú nos dijiste que la muerte (La muerte no es el final).
Yo soy el pan de vida (Yo le resucitaré).

PERDÓN

La alegría del perdón.
Perdón, Señor, perdón (S. 50).

Perdón, oh Dios mío.
Perdona a tu pueblo.
Pueblo mío.
Sí, me levantaré.

ALABANZA - HIMNOS

Alabado seas mi Señor.
Alabaré, alabaré.
Alabo tu bondad.
Ante ti, Señor.
Bendigamos al Señor.
Canta aleluya (Josico).
Cántico de Daniel.
Cómo le cantaré al Señor.
En la noche míranos.
Gloria (Fiesta del amor).
Hora de la tarde.
Lauda Jerusalem.
No sé como alabarte (Gloria a Dios).
¿Qué ves en la noche?
Quédate con nosotros.
Quédate junto a nosotros.
Tantum ergo.
Te alabamos.
Tú eres el Dios que nos salvas.
Vine a alabar.

ACCIÓN DE GRACIAS

A Dios den gracias los pueblos.
Demos gracias al Señor.
Gracias, Señor, por nuestra vida.
Hoy, Señor, te damos gracias.
Te damos gracias, Señor.
Te damos gracias (P. Sánchez).
Vaso nuevo.

EVANGELIZACIÓN - VOCACIÓN - ENTREGA

A quién enviaré
Bienaventurados.
Canta Jerusalén.
El amor es nuestro canto.
La alegría del perdón.
Levantaré la tienda.
Me has seducido, Señor.
Me estás llamando (Quizá, al nacer).
No apaguéis vuestro amor.
Nuevos segadores.
Pescador de hombres (Tú has venido a la orilla).
Sembrador.
Sois la semilla (Id amigos).
Vienen con alegría.
Vosotros sois la sal.
¿Qué quieres de mí?

MARÍA

Alégrate.
Ave María (M. Fuertes).
Ave de Fátima.
Ave de Lourdes.
Como tú María (Quiero decir que sí).
Cuántas veces siendo niño.
De la Virgen nos ha nacido.
Dichosa María.
Dios te salve.
Dolorosa (Espinosa).
El Señor hizo en mí maravillas (Gelineau).
Estaba junto a la Cruz (M. Fuertes).
Estrella y camino.
Fiesta de la Madre.

AMOR - SÚPLICA

JÓVENES

Direcciones de algunas de las Editoriales donde han publicado las obras de los cancioneros Hosanna.

- **Ediciones San Pablo**. C/ Protasio Gómez, 15. 28027 Madrid. Tel. 91 742 51 13.
- **PAX-PPC**. C/ Agastia, 80. 28034 Madrid. Tel. 91 744 45 50.
- **Editorial CCS**. C/ Alcalá, 166. 28028 Madrid. Tel. 91 725 20 00.
- **Producciones de la Raíz**. C/ Trafalgar 23-3. 2ª. 08010 Barcelona. Apdo. 31081. Tel. 93 268 02 74. Fax: 93 268 46 93.
- **CLN. Cantoral Litúrgico Nacional**. Secretariado Nacional de Liturgia. C/ Añastro, 1. 28033 Madrid. Tel. 91 766 35 00.
- **Ateliers e presses de Taizé**, F-71250 Taizé Communaute.
- **Ediciones S. Pío X**. C/ Marqués de Mondéjar, 32. 28028 Madrid. Tel. 91 250 28 17.
- **SEEMSA. Sociedad Española de Ediciones**, **S.A.** C/ Alcalá, 70. 28009 Madrid. Tel. 91 577 07 51.
- **Encontros de Música Relixiosa**. Vicaría de Pontevedra. Praza de A. Fonseca. Pontevedra. Tel. 986 85 22 19.

A todos: compositores, propietarios, editoriales y representantes, nuestro más sincero agradecimiento por facilitar nuestra labor con su apoyo, informaciones, permisos y materiales. Muchas gracias.

* * *

AVISO: Dada la complejidad que entraña catalogar todas las obras de los cancioneros, les rogamos que si alguna persona o entidad no está consignada correctamente nos lo comunique, para rectificar y cumplir con nuestras obligaciones morales y legales.

